Dietmar Pfennighaus · In mir selbst zu Hause sein

Dietmar Pfennighaus

In mir selbst zu Hause sein

Versöhnt leben – mit Gott, dem Nächsten und sich selbst

scm R.Brockhaus

Die zitierten Bibeltexte entstammen
der Lutherbibel, revidierter Text 1984,
durchgesehene Ausgabe in neuer Rechtschreibung,

Grafiken: Kerstin Sommerfeld, www.sommerfelddesign.de
Umschlaggestaltung: Dietmar Reichert, Dormagen
Satz: Christoph Möller, Hattingen
Druck: Breklumer Druckerei Manfred Siegel KG
ISBN 3-417-24889-2
Bestell-Nr. 224 889

INHALT

Meiner Frau Ruth gewidmet, die mich seit etwa einem Vierteljahrhundert auf dem Weg der Versöhnung begleitet – mit einer Liebe, die mich immer wieder erstaunt und beschenkt

Einblick

Das Versöhntsein macht den Unterschied

Uns fällt sofort auf, wenn die Nähe bestimmter Menschen uns gut tut. Würden sie uns fragen, ob wir mit ihnen auf einem Bauernhof einen riesigen Misthaufen umsetzen wollen, wären wir sofort dabei. Andere ziehen uns dagegen runter. Wenn sie uns einladen, einen Abend an ihrer Seite zu verbringen, bleiben wir doch lieber zu Hause und beobachten, wie die Milch dick wird.

Als Heather Whitestone, die gehörlose Miss America von 1995, einen ihrer Fahrer nach seinem Leben fragte, erzählte dieser, dass er keinen Schulabschluss hat und seinen Kindern Mut macht, auf die Uni zu gehen. Er sagte: »Aber für mich habe ich beschlossen, in meinem Leben nichts zu bedauern. Denn wenn ich es täte, würde mein Leben sehr traurig. Darum konzentriere ich mich auf die positive Seite der Dinge (...). Jeden Tag kann ich die Bäume sehen, die wundervollen Berge, diesen prächtigen Ausblick. Ich lerne faszinierende Leute kennen, die in meinem Wagen fahren, und sie bezahlen mich sogar noch für dieses Vergnügen. Das Leben ist schön!«[1] Solche Zeitgenossen helfen uns, noch einmal anders aus dem Fenster zu schauen.

Was unterscheidet uns Menschen letztlich voneinander? Unsere Träume ähneln sich im Grunde ebenso wie die Widrigkeiten bei ihrer Umsetzung. Wirklich gegensätzlich fallen unsere Reaktionen jedoch oft aus, wenn irgendetwas nicht wie gewünscht verläuft. Manchmal ist uns abverlangt, einen Traum aufzugeben oder zu korrigieren, und manchmal, mit einem mutigen Schritt etwas endlich zu wagen. Häufiger aber müssen wir erst einmal respektieren, dass es eine Spannung zwischen Wunsch und Wirklichkeit geben darf.

Wir sind gefragt: Reiben wir uns ständig an irgendwelchen Gegebenheiten? Und können wir deshalb weder mit noch ohne Arbeit, weder mit noch ohne Partner und Kind, weder mit noch ohne

Wohlstand glücklich sein? Oder haben wir zu einer versöhnten Grundhaltung gefunden? Natürlich geht es dabei um etwas ganz Grundlegendes: unsere Lebenseinstellung. Und die lässt sich nicht einfach mit Kippschalter verändern. Dennoch gibt es gute Gründe, auf ein versöhnteres Leben zu hoffen:

* Wir haben in Gott einen starken Verbündeten, der unsere Versöhnung im Großen wie im Kleinen schon immer zur Chefsache gemacht hat.
* Es ist uns selbst besonders wichtig. Denn nichts wünschen wir uns mehr, als Geborgenheit zu erleben!
* Von unseren Mitmenschen kann niemandem wirklich daran gelegen sein, dass wir unversöhnt leben und demzufolge Unfrieden verbreiten.

Die nächsten zwölf Kapitel greifen jene Punkte auf, in denen für jeden Menschen Versöhnungsbedarf entstanden ist. Welche konkreten Schritte wir dabei gehen können, verdeutlichen die drei Etappen des ABCs der Versöhnung:

A steht für Anschauen. Um mich mit etwas versöhnen zu können, muss ich erst einmal bereit sein, einen Herd der Unversöhnlichkeit überhaupt anzuerkennen und genauer hinzuschauen.
B steht für Bedenken. Ich muss überdenken, was eine versöhnliche Haltung beinhaltet. Wovon habe ich mich zu verabschieden, und was gewinnt für den weiteren Weg an Bedeutung?
C steht für Chancen nutzen. Einsichten werden sich nur durchsetzen, wenn sie durch Handlungen bekräftigt werden.

ABC der Versöhnung

A	Anschauen	eines wichtigen Versöhnungsschrittes	= das Wahrnehmen
B	Bedenken	der Möglichkeiten und Barrieren	= das Überdenken und Einfühlen
C	Chancen nutzen	um das Neue zu bekräftigen	= das Handeln

Entschlossenheit und Demut

Mose wurde von einer Sklavin geboren und von deren befehlshabenden Peinigern adoptiert. Der politische Graben zwischen Herrschern und Beherrschten zog sich mitten durch seine Seele. Er wuchs in einem Palast auf, in dem es von vermeintlichen Göttern nur so wimmelte. Wirklich wichtig war für ihn jedoch nur der eine Gott – der Abrahams, Isaaks und Jakobs. Mose hatte weder einen Namen noch ein Bild von diesem Gott vorzuweisen – und trug ihn umso stärker in seinem Herzen.

Was nun aber, wenn Zwiespalt und Unrecht überhand nehmen? Dann scheint nichts näher zu liegen, als in die Hände zu spucken und kräftig aufzuräumen. Mose stellte fest, dass die Steine unter seinen Füßen von Ungerechtigkeit getränkt waren. Er sah es nicht nur, wie wir so manches an uns vorbeiflimmern lassen (müssen). Als ein Mann der Tat war er so betroffen, dass er zuschlug. Und gerade weil er tödlich traf, haute er voll daneben (2. Mose 2,11-15). Auf beiden Seiten waren viele betroffen. Auch die Israeliten spürten: So schaukelt sich die Spirale des Hasses nur noch weiter hoch. Solch einen Haudegen, einen Elefanten im Porzellanladen brauchen wir nicht. Gerechtigkeit um jeden Preis – nein, danke! So stand Mose vor einem tragischen Dilemma: Die Ungerechtigkeit war zu groß, um einfach darüber hinwegzusehen. Als er jedoch versuchte, wenigstens vor seiner Haustür etwas zurechtzubiegen, bekam er von allen Seiten Prügel. Das macht die Hilflosigkeit und die Einsamkeit nur noch schmerzhafter.

Der wild gewordene Mose ist der Prototyp der Weltverbesserer, die ihre Grenzen nicht scharf genug sehen. Sie lösen angstvolle Fragen aus: Wer weiß, ob er den Richtigen trifft? Und bin ich selbst vor solchen vermeintlichen Gerechtigkeitsaposteln sicher? Radikale Weltverbesserungspläne entpuppen sich bald als ein gefährliches Monstrum.

Solche Zwickmühlen kennen wir irgendwie – aus der großen Politik und der klitzekleinen unseres Alltags. Wir wollen auf Ungerechtigkeit reagieren. Wozu ballen sich instinktiv die Hände in den Taschen, wenn wir nichts durchboxen dürfen? Und wenn wir schon nicht aktiv werden können, wollen wir das Böse beim Namen nennen. Doch wir können nicht einmal das Unkraut vom Weizen unterscheiden. Und schon gar nicht wird es uns nach den Worten von Jesus möglich sein, das eine ohne das andere auszureißen (vgl. Matthäus 13,29).

So bekommen wir unterschiedlichste Normen und Werte nicht zusammen. Wir lernen viele Formeln und bekommen dann eine Aufgabe präsentiert, die vor Unbekannten nur so strotzt. Es ist uns ein Rätsel, wie uns das gelingen soll: Wir sollen Gott lieben, den wir nicht sehen, unseren Nächsten, den wir nicht verstehen, und noch dazu uns selbst, die wir uns nicht ausstehen können – manchmal zumindest.

Wenn Besonnenheit fehlt, geht alles schief. Oft brauchen wir mehr Mut, gegen Ungerechtigkeit aufzustehen. Doch wenn wir es dann tun, ist überaus wichtig, ob wir über eine demütige Grundhaltung verfügen.

> Eine Bauersfrau in den USA namens Myrtle hatte sich trotz aller Mühe und harter Arbeit ein fröhliches Herz bewahrt. An ihrem Kühlschrank fand sich nach ihrem Tod ein Zettel, den sie offensichtlich jeden Morgen gelesen hatte: »Guten

Morgen, Myrtle, hier spricht Gott. Wie geht es dir heute? Ich brauche dich auch heute nicht, um die Welt zu regieren. Das schaffe ich alleine. Deshalb wünsche ich dir einen schönen Tag!«[2]

So entspannt und gelassen kann man das Leben schon etwas länger vertragen.

Gott hat immer noch eine Idee, wie wir Demut lernen können. Nach seinem Mord konnte Mose nur noch sein nacktes Leben retten. Doch Gott hatte eine gute Rückzugsmöglichkeit für ihn bereitgestellt. Es war ein Platz abseits aller Träume, die er und andere für ihn bestimmt hatten – und doch genau der richtige. Und in all den Jahren, die vergingen, wurde Mose von Gott beständig weitergeführt. Dabei veränderte er sich so einschneidend, dass die Vorher-Nachher-Bilder nicht mehr zusammenspassten. Mose wollte gegen Ende seiner Wanderschaft nichts mehr beanspruchen. Dass er der größte Prophet war, ist Stoff für die Geschichtsbücher. An einem mit allen Ansprüchen versöhnten Mose ging das vorbei. Es war ihm einerlei, wie wichtig er genommen wurde. Selbst wenn wir von solch einem Frieden kaum noch zu träumen wagen, will Gott uns zu diesem Zur-Ruhe-Kommen führen.

1. Versöhnungsschritt: 1

Vermessenheit begegnen

Wie hören sich diese Sätze für Sie an?

- Den Gewaltakt, die Welt um mich herum aufzuräumen, kann ich mir schenken.
- Diese Welt wird nicht besser und gerechter sein, wenn ich von ihr abtrete.
- Ich werde letztlich keinen Menschen zum Guten bewegen, indem ich ihn unter Druck setze.

- Will ich etwas Sinnvolles bewirken, muss ich meine Möglichkeiten und meine Grenzen gut kennen.
- Meine Geduld mit meinen Nächsten wird immer hinter der Geduld Gottes zurückbleiben.

Womit sind Sie nicht einverstanden?
Weshalb eigentlich nicht?

Die wirkliche Entdeckungsreise besteht nicht im Besuch neuer Länder, sondern im Erwerb neuer Augen.

Marcel Proust

Mit seinem Platz versöhnt ist, ...

Nur selten ist es so eindeutig wie im Konzertsaal, welcher unser Platz ist. Ganz sicher, dass wir am einzig richtigen Platz sind, waren wir uns zuletzt im Mutterleib. Und zuweilen sind wir uns besonders unsicher. Dann wollen wir uns vielleicht beschweren, dass wir nicht besser platziert sind: Wir sind zornig und beginnen zu streiten ...

Natürlich sollten wir unhaltbare Zustände nicht einfach träge abnicken. Doch erst das grundsätzliche Ja zu den vorgegebenen Lebensumständen gibt uns die Standfestigkeit, um etwas verändern zu können.

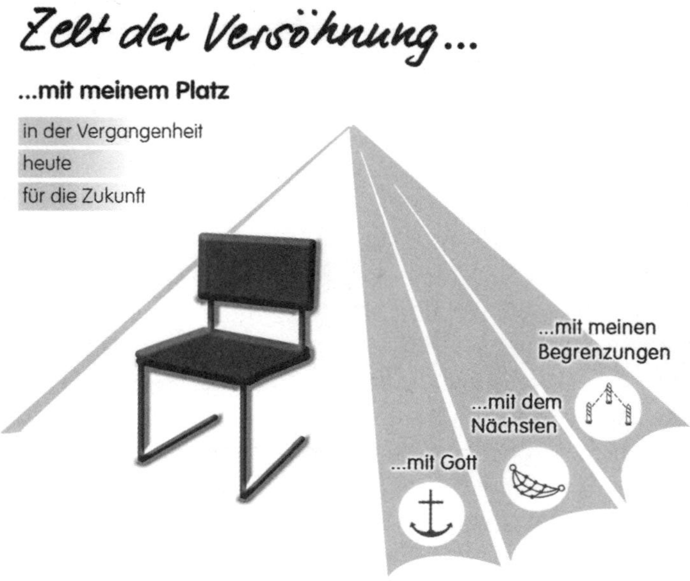

Erfolg ist nie endgültig; Versagen ist nie tödlich.
Es ist der Mut, der zählt.
Winston Churchill

1. ... wer nicht länger die Pleiten von gestern bedauert

Totgeglaubte leben sowieso länger. Mein Kfz-Mechaniker sagte diesen Satz neulich, als wir über das Durchstehvermögen unseres alten Familienbusses sprachen. Auch dem Bücherlesen hat man das Ende vorausgesagt, als das Internet populär wurde – was uns nicht davon abhält, unvermindert weiter gebundenes Papier in die Hand zu nehmen. Das Gleiche gilt auch für frustrierende Erfahrungen: Sie sind besonders einflussreich, wenn man versucht, sie totzuschweigen. Wer um einen wunden Punkt immer nur herummarschiert, kommt nicht wirklich voran: Der kreisförmige Weg tritt sich immer weiter fest.

A Altlasten anschauen

Belastendes steigt immer wieder an die Oberfläche wie ein Stehaufmännchen, das sein Gewicht nicht verliert. Im Gespräch mit manchen älteren Leuten aus meinem Bekanntenkreis bin ich darauf eingestellt, dass sie von jedem beliebigen Thema bald auf einen bestimmten Punkt zu sprechen kommen: Vielleicht die (alte, eigentliche) Heimat, aus der sie vor etwa 60 Jahren vertrieben worden sind. Oder jemand erwähnt seine Kriegserfahrungen. Und während er beteuert, dass das doch alles gar nicht so schlimm war, ist der Schmerz unübersehbar. Gerade dieses An- und Aussprechen ist überaus wichtig.

Mose überschritt nach dem Mord an einem Ägypter die Landesgrenze. Vor den Zeiten der internationalen Steckbriefe konnte er ganz neu anfangen. Im Asyl in Midian stellte niemand unangenehme Fragen. Hier war der verhinderte Revolutionär Mose undercover. In der Hoffnung auf Abstand von seiner inneren Zerrissenheit hat er wahrscheinlich lange Zeit das Thema Ägypten einfach nicht mehr ins Gespräch gebracht. Wenn etwas sehr wehtut, werden wir es zumindest zeitweise immer wieder ausblenden wollen. Auf diesen Schutz können wir oft nicht verzichten.

Auch wenn wir niemanden umgebracht haben, findet sich in unserer Geschichte irgendetwas Verkorkstes. Und wir neigen sehr dazu, das als schlafende Hunde anzusehen, die man nicht wecken soll. Allerdings wachen sie manchmal doch auf, obwohl (oder weil?) wir uns ganz still verhalten haben.

Geträumt haben wir eher davon, alles Alte einfach hinter uns zu lassen. Solch ein Traum kann uns schon mal streifen: Irgendwo weit weg wie auf den Hochglanzbildern der Urlaubsprospekte aufwachen, wo sich alles neu (und natürlich besser) anpakken lässt. All das durch bestimmte Erfahrungen und Prägungen Festgefahrene – wie Schnee von gestern soll es sein, der in der prallen Sonne keine Spur mehr hinterlässt. Doch einem wichtigen Lebensthema können wir nur für eine bestimmte Zeit ausweichen. Zum Glück. So wusste Mose genau, dass für ihn niemals ein anderes Thema wichtiger war, ist und sein wird als dieses eine: Israel in Ägypten.

Auch unsere Neuanfänge beginnen nie bei null, weil das dann doch zu wenig wäre. Was käme auch für ein Horrorszenarium heraus, wenn wir uns unserer Vergangenheit entledigen könnten? Wir wüssten gar nicht mehr, wer wir sind. Die Heimatlosigkeit wäre nicht zu ertragen. Keine noch so radikale Flucht lässt uns in Windeseile etwas Ungelöstes abstreifen wie ein verschlissenes T-Shirt. Wir nehmen uns immer mit. Deshalb sind wir am neuen Ort mit unserem Herzen auch ein Stück am alten. Vor allem, wenn wir uns nicht richtig verabschiedet haben.

Etwas Schweres zu umarmen erfordert Mut. Manche gravierenden Erfahrungen erscheinen uns wie ein gefährliches Tier. Wir versuchen vergeblich, auszuweichen oder davonzulaufen – vielleicht weil wir befürchten, dass ein schmerzhaftes Gefühl wie Im-Stich-Gelassen-Sein (wieder) über uns herfällt. Doch wenn wir ihm in die Augen schauen, merken wir, dass wir jetzt keine Verletzungen mehr zu befürchten haben – ja, dass es sich vielleicht sogar von uns streicheln lassen würde.

Wenn die Zeit dafür reif ist, werden wir alte Erfahrungen in ihrer Bedeutung anerkennen. Das ist dann wie eine Umarmung. Die ist allerdings nur stimmig, wenn wir das auch anschauen können. Für das, was wir umarmen wollen – und sei es, um uns davon zu verabschieden –, müssen wir erst einmal einen intensiven Blick übrig haben. Nur dann können diese Erfahrungen so auf uns wirken, dass wir genug von ihnen lernen, um nicht die gleichen Fehler wieder zu machen.

2. Versöhnungsschritt: 2

Vertrauensvoll hinschauen

Stellen Sie sich folgende Fragen:

- Gibt es eine Lebensphase, an die ich nicht erinnert werden möchte (und an die ich vielleicht trotzdem immer wieder denken muss)?
- Kenne ich den Traum, irgendwo völlig neu anfangen zu können? Bin ich mir darüber im Klaren, dass vieles daran eine Illusion ist?
- Ist es für mich dran, mich mit einer schweren Erfahrung noch einmal auseinander zu setzen, um darüber mehr Frieden zu finden?

B Ablenkungsversuche überdenken

Vergangenes, das uns nachhängt, kann sehr unterschiedlich aussehen: Es kann etwas sehr Schönes sein, dem wir nachweinen. Oder etwas wirklich Schlimmes, das wir beklagen. Dabei sind es vor allem drei Verhaltensweisen, die uns blockieren können:

* *Wir bedauern unsere Entscheidungen und finden dabei kein Ende.* Dann fangen die bestimmenden Sätze des inneren Selbstgespräches mit »Hätte ich doch ...« an. Aber wir machen uns etwas vor, da wir irgendeinen Umstand nicht anerkennen wollen. Dass wir gekonnt »hätten«, ist abgehobene Theorie. Es hat seine Gründe, dass wir genau das getan haben, was wir getan haben. Wir haben uns so entschieden, weil es zu diesem Zeitpunkt nach dem damaligen Wissen, unserer seelischen Verfassung, den Fähigkeiten und anderen Ressourcen als das Vernünftigste oder einzig Mögliche erschien. Natürlich sehe ich von meinem jetzigen Standpunkt klarer. Das ist aber erst nach all den (auch unangenehmen) Erfahrungen möglich. »Hätte ich doch ...« übersieht all diese Tatsachen. So betrügen wir uns selbst und versauern mit Selbstmitleid unser Leben. Schlimmer als unsere Fehlentscheidungen ist es, wenn wir darüber verzagen. Fehler lassen sich meist korrigieren, sobald wir aufhören, sie und uns selbst zu bedauern.

* *Wir weinen vermeintlich verlorenen Jahren nach.* Wodurch sind denn Jahre verloren? Doch vor allem dadurch, dass wir sie als solche erachten. Mose kam die Ausbildung am Hofe Ägyptens für seine späteren Führungsaufgaben zugute. Gott arbeitet umsichtig mit den Ressourcen der Erfahrungen, die wir aus unserem bisherigen Lebensweg ziehen. Er verschwendet nichts davon.[3] Unser Lebensweg mag manche Schlenker und ausgebrochene Kurven aufweisen, die uns gänzlich überflüssig erscheinen. Doch Gott setzt sich dafür ein, dass uns gerade dies weiterhilft. Selbst die vermeintlichen Umwege dienen zur notwendigen Ortskenntnis. Sich ständig über verloren gegangene Zeit Sorgen zu machen, ist wahrscheinlich die größte aller Zeitverschwendungen. Stattdessen

darf unsere ganze Aufmerksamkeit der nächsten Wegmarkierung gelten.

* *Vorwürfe gegen wen auch immer belasten uns selbst.* Manchmal halten wir einen Vorwurf fest wie etwas, an das man sich bis zuletzt klammern muss. Ob wir Gott, unseren Eltern, anderen Menschen oder uns selbst etwas vorwerfen – all das liegt so dicht beieinander, dass die Zielscheibe unseres Zorns schnell wechseln kann. Ganz zu Anfang himmelten wir unsere Eltern oder den Partner an. Als wir merkten, dass es sich um ein zuweilen übel gelauntes Fleisch-und-Blut-Geschöpf handelt, fühlten wir uns betrogen, ohne genau zu wissen, von wem eigentlich: Vom anderen? Von unseren Träumen? Vom Leben insgesamt? Von Gott? Oder allen zugleich?

Wenn wir dem anderen nicht verzeihen können, uns alles (also wie ein Gott) zu sein, verteufeln wir ihn vielleicht. Schwarz-Weiß-Denken lässt grüßen. Niemand hat die letzte Verfügungsgewalt, mich glücklich oder unglücklich zu machen. Weil ich niemandem gehöre, sondern nur Zugehörigkeit möglich ist.

Schauen wir dagegen auf die Ressourcen. Unter dem Prägenden gibt es vieles, was uns weitergebracht hat. Moses Wegbegleiter war ein Stab mit vielen Einkerbungen, die für die Erfahrungen der vielen Jahre standen. Derselbe Stab wird ihn auf den Stationen des Befreiungshandelns Gottes begleiten. Negativen Erfahrungen steht nicht die Macht zu, uns heute alle Fröhlichkeit zu nehmen. Stets haben wir einen Spielraum, die Augen zu öffnen: für die Türen, die sich noch immer öffnen lassen; für ein freundliches Lächeln, das jemand uns entgegenbringt; für den Blick zum Himmel und eine Hand voll Erde, auf der jetzt etwas wachsen kann.

3. Versöhnungsschritt: 3

Fallen entlarven

Inwieweit treffen diese drei Aussagen auf Sie zu?

- Dass ich damals eine bestimmte Entscheidung getroffen habe, kann ich mir nicht verzeihen.
- Ein bestimmter Lebensabschnitt kommt mir wie verloren vor. Ich wünschte, ihn nie durchlebt zu haben, und will auch nicht darauf angesprochen werden.
- Ich habe gegen jemanden eine Wut im Bauch und hoffe, dass dieser Mensch nie mehr meinen Weg kreuzt.

Ergibt sich hier Handlungsbedarf für ein versöhnteres Leben?

C Gekonnt einen Schlussstrich ziehen

Wir können dem heißen Thema entgegentreten. Erst dadurch wird es möglich sein, mit dem Vergangenen Frieden zu schließen. Mose steht vor dem Dornbusch, der gar nicht mehr aufhört zu brennen, und versteht: Was in uns entfacht ist, wird nicht automatisch mit der Zeit verlöschen. Unser Lebensthema kann nicht einfach ausgesessen werden. Und bald darauf erkennt er, dass die Zeit für einen Befreiungsschritt reif ist. Wenn uns etwas immer wieder beunruhigt, kann daraus genug Mut erwachsen, hier gründlich aufzuräumen.

Manches Frühere müssen wir noch einmal aufsuchen. Mose soll noch einmal an den Tatort zurückkehren. Danach darf er Ägypten erneut verlassen. Aber nun mit erhobenem Haupt. Ohne

Angst und Wut. Nichts Vergangenes lässt sich ungeschehen machen. Aber die Auswirkung kann sich ändern.

In meiner therapeutischen Arbeit beobachte ich immer wieder, wie Menschen noch einmal zu einer prägenden Erfahrung zurückkehren, die oft mit einem Scheitern verbunden ist. Sie tun es nicht ohne Zittern. Aber ihre Hoffnung auf Erleichterung wird nicht enttäuscht.

Die entscheidende Voraussetzung hierfür ist die Bereitschaft, eine versöhnte Haltung einzunehmen. Dann verbeugen wir uns vor dem Geschehenen und Verpassten, statt uns dabei zu verausgaben, es gerade rücken zu wollen. Wir verzichten auf Entschädigungsforderungen an irgendjemanden. Wir müssen nichts nachgeliefert bekommen. Wenn vom anderen ein Wort kommt, das Vergebung erleichtert, nehmen wir es dankbar an. Doch sobald wir etwas einklagen, löst das bei unserem Gegenüber einen Verteidigungsinstinkt aus, und eine Annäherung ist nicht möglich.

Weinen und Klagen haben ihre Zeit. So steht es im Buch Prediger, Kapitel 3,4. Sich dem Trauern zu verschließen, ist ebenso ein Trauerspiel, wie in der Traurigkeit zu versinken. Weinen mag der Schminke schaden, nicht aber den (ohnehin recht trockenen) Augen. Wenn uns nichts mehr so stark bewegt, dass uns Tränen in den Augen stehen, ist vieles in uns ausgetrocknet.

Zu Recht tun wir vieles, um etwas zu lachen zu haben. Doch wer lehrt uns, etwas auch einmal beweinen zu können? Allerdings gibt es darin Unterschiede, die wie eine Weggabelung sind. Traurigkeit voller Selbstmitleid stiehlt uns das Leben, weil es keine Vorwärtsbewegung gibt. Auf der anderen Seite gibt es eine heilsame Traurigkeit, die ganz im Dienst der Gegenwart und Zukunft steht (vgl. 2. Korinther 7,10).

Sich mit früheren Erfahrungen zu beschäftigen, ist nur dann heilsam, wenn wir dabei nicht in ihnen versinken. Sie sollten wie ein Durchgangszimmer für uns sein, in dem man sich nicht hinlegt. Wenn es schmerzliche Erlebnisse sind, schauen wir sie nur noch einmal an – um uns von ihnen zu verabschieden. Ein gereiftes Abschiednehmen ist daran erkennbar, dass die Wehmut über manches Verpasste geringer wird.

Versöhnung mit meinem Platz

▶ **in der Vergangenheit**

heute

für die Zukunft

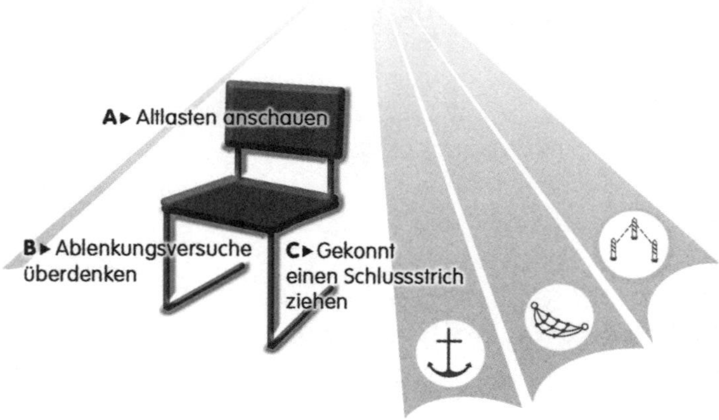

4. Versöhnungsschritt: 4

Noch einmal zurückkehren

Besonders wichtig ist dieser Schritt für diejenigen, die immer wieder traurig werden, ohne dass die momentane Situation das ausreichend begründet. Dann könnte eine frühere Erfahrung dafür verantwortlich sein. Lassen Sie sich von einigen Vorschlägen anregen, um Ihren ganz eigenen Weg zu finden: Fahren Sie nochmals an den Ort, der Sie immer noch aufwühlt, wenn Sie sich daran erinnern. Vielleicht

wollen Sie noch einmal Ihren damaligen alltäglichen Weg (z. B. zur Schule) abgehen. Sie können dann von diesem Ort, der für einen Lebensabschnitt steht, anders weggehen: erleichtert statt hastig (weil Sie jetzt etwas versöhnter auf diese Erfahrung schauen können). Vielleicht fällt Ihnen dazu ein kleines Abschiedsritual ein.
Oder Sie schreiben einen Brief an eine Person, mit der Sie engen Kontakt hatten. Wenn es eine Adresse gibt, an die Sie ihn verschicken könnten, kann das nur Sinn machen, wenn das Geschriebene niemanden anklagt.

Als Gott dich schuf, legte er liebevoll ein Stück von sich selbst in dich hinein.
Ruth Heil

2. ... wer das heilige Land unter seinen Füßen erkennt

In unseren ersten Lebensmonaten erschien es überlebenswichtig, uns Gehör zu verschaffen, um ja nicht vergessen zu werden. Und später erlebten wir, dass es ein scheußliches, ja unerträgliches Gefühl ist, nicht beachtet und gesehen zu werden. Abgestellt und vergessen zu sein, wo wir doch die Anerkennung erwartet haben, in der sich jetzt andere sonnen – davor werden wir uns wahrscheinlich noch lange ängstigen.

Manchmal kann unsere Unruhe schon ausgelöst werden, wenn wir *fern-sehen*, statt auf das Naheliegende zu blicken. Wir schauen auf zu Olympiasiegern oder anderen offensichtlichen Gewinnern. Natürlich wissen wir: Die es geschafft haben und Beachtung genießen, werden oft auch von fast allen bald wieder übersehen werden. Dennoch kann uns die Frage quer liegen: Haben wir irgendwo etwas verpasst, eine Möglichkeit nicht ausgeschöpft oder uns nicht genug Mühe gegeben? Und muss uns deshalb unser Alltag so trist erscheinen?

Dann mag es uns wie Mose gehen, der seine Berufung zunächst mit einem müden Lächeln quittierte. Und zwar so lange, wie er damit beschäftigt war, seine ungünstige Ausgangsposition zu beklagen.

A Das Besondere im Alltäglichen entdecken

Gott weist uns auf den heiligen Grund unter unseren Füßen hin. Mose wird als Erstes gesagt: »Tritt nicht herzu, zieh deine Schuhe von deinen Füßen; denn der Ort, darauf du stehst, ist heiliges Land« (2. Mose 3,5). Mose sollte zunächst einmal bleiben, wo er war. Denn in dem Moment, in dem sich ein Mensch der Nähe Gottes bewusst wird, ist dieser Platz heilig. Ob wir Flugmeilensammler sind oder uns lieber nicht von unserer Scholle wegbewegen – der weiteste und umkämpfteste Weg scheint immer der zu sein, sich mit seinem Platz zu versöhnen. Das Gute dabei ist: Wie weit wir uns auch wegbewegen – der Ort, an dem wir ganz ankommen können, bleibt für uns reserviert.

Es tut gut, wenn wir die Schuhe nicht mehr brauchen. Festes Schuhwerk erscheint uns wichtig, so lange wir unseren Weg nicht mit dem roten Teppich ausgelegt sehen. Eine neue Perspektive wäre dann die des Psalmisten, der sich von Engeln getragen weiß und deshalb auch barfuß unverletzt gehen kann (vgl. Psalm 91,11.12).

Schuhe geben wir auch aus anderen Gründen so schnell nicht her. Sie sind spätestens ab dem Teenageralter eine Möglichkeit, ein Stück größer zu werden – vor allem durch imageträchtige Markenzeichen. Deshalb schauen manche erst einmal nach unten, um eine Person abzuschätzen. Mose und uns wird gesagt: Lass dich nicht blenden von dem, was du hast oder nicht hast. Es kommt (jetzt) nicht darauf an, Qualitäten zusammenzuraffen und auf irgendeinem Laufsteg des Lebens zu präsentieren.

Mose soll die Schuhe ausziehen. Wenn alles Größerwerden, Absichern und schnelles Davonlaufen unnötig wird, spüren wir den Boden unter unseren Füßen besser. Und damit auch das Besondere, Heilige an ihm. Dann gehen uns die Augen auf, dass Gott doch keinen schlechten Tag in angenervter Stimmung hatte, als er die Rahmenbedingungen unseres Lebens für uns ganz persönlich auswählte.

5. Versöhnungsschritt: 5

»Bodenprobe«

In einer entspannten Situation können Sie über den Platz nachdenken, an dem Sie in Ihrer momentanen Lebenssituation stehen. Was sind die wichtigsten Faktoren? Sie können auch auf einem Blatt sich selbst im Mittelpunkt skizzieren und drum herum für Ihre Rahmenbedingungen Stichworte aufschreiben: Aufgaben, Umstände, wichtige Personen, Orte, Möglichkeiten und Einschränkungen (z. B. im Hinblick auf Gesundheit oder Fähigkeiten).
Wie geht es Ihnen zwischen diesen Gegebenheiten? Probieren Sie nun aus, wie leicht Ihnen folgende Sätze über die Lippen kommen:

- »Hier – wo ich lebe – bin ich jetzt genau richtig.«
- »Genau genommen stehe ich in meinem Alltag auf heiligem Land.«
- »Hier habe ich Entfaltungsmöglichkeiten und kann verändern, was nötig ist.«

- »Hier bin ich unter Menschen, die mich beschenken und herausfordern. Prima.«
- »Auch manche Einschränkungen meines Lebens werden mir letztlich gut tun können.«

B Wertmaßstäbe ausrichten

Das Besondere im Einfachen sehen – das macht das Alltägliche zum Geschenk. Das ist natürlich nur möglich, wenn wir das Einfache auch schätzen wollen.

Ich bin in den letzten Jahren mehr und mehr in einer großen Gemeinde zu Hause, in der jede Menge imposanter Gaben anzutreffen sind. In diesem bunten Völkchen gibt es viele Handwerker und Vollzeit-Familienfrauen, aber auch mindestens jeweils ein Dutzend Lehrer, Ärzte, Buchautoren und andere Kopfarbeiter. Hier ist es nicht schwer, jemanden zum Predigen zu finden. Im Kinderprogramm mitzuarbeiten, ist schon nicht mehr ganz so beliebt. Und die wirklich bodenständigen Tätigkeiten, bei denen man sich noch weiter herunterbeugen muss, natürlich auch nicht.

Glücklicherweise wird nach biblischem Verständnis angestrebt, dass sich alle auch an den weniger angesehenen Arbeiten beteiligen. Die Gemeinden im Neuen Testament machen uns das sehr konsequent vor, wenn z. B. Stephanus, ein außergewöhnlich geist- und redebegabter Mann, geweiht wird, um die Aktion »Essen auf Rädern« für die Witwen voranzutreiben (vgl. Apostelgeschichte 6,5).

Wo immer es auch nur bruchstückhaft gelingt, alle Unterschiede beiseite zu lassen und alle Dienste gleich zu schätzen, kommt etwas Gutes in Bewegung. Wir merken, dass wir durch den Bodenkontakt mittels eines Wischlappens gerade einen intensiven Kontakt zu dem heiligen Land haben. Wir bekommen eine Ahnung davon, was für eine (himmlische) Freude es ist, selbstvergessen einfach zu tun, was uns vor die Füße gelegt ist. Wenn wir als Einzelne und Gemeinschaft geistlich wachsen wollen, geschieht das auch in dem Maße, wie wir die übliche Bewertung von Tätigkeiten und entsprechenden Personen hinter uns lassen. Wo wir einander ohne Wenn und Aber dienen, ist etwas Einschneidendes passiert.

Die Erkenntnis, auf heiligem Land zu stehen, ist immer und überall möglich. Ganz gleich, wo wir sind: in der Küche oder am Schreibtisch, im Auto oder im Garten ... Ganz gleich, was wir machen: ob wir ein Kind begleiten, ein Unternehmen führen, Autos zusammenschrauben, für »Ärzte ohne Grenzen« arbeiten oder in ganz anderer Weise einem Menschen begegnen. Dann bemerken wir, dass nicht nur die Sterne glänzen können, sondern auch die Erde unter uns, auf der Gott längst handelt.

Zu biblischen Zeiten stand das Schafehüten auf der Liste der würdevollen Tätigkeiten ganz weit unten. Doch es gehörte zu Gottes Trainingscamp für Mose, um dann die wesentlich größere und störrischere Herde des Volkes Israel durch die Wüste zu leiten. Keine äußere Würdigung adelt letztlich unser Tun. Ausschlaggebend ist allein unsere Liebe und Hingabe. Nicht mehr, aber auch nicht weniger.

6. Versöhnungsschritt: 6

Einsichten für gute Bodenhaftung

Bedenken Sie folgende Aussagen:

- Nur wer seinen Ausgangspunkt grundsätzlich bejaht, kann gut durchstarten.
- Wer den eigenen Platz als heilig erkennt, wird sich sicherer, nicht ins Bodenlose zu fallen.
- Wir erkennen das Gute an unserem Platz, wenn wir uns nicht länger von dem Gefühl beherrschen lassen, zu kurz zu kommen.
- Es gibt keine höherwertigen und geringen Tätig-

keiten – nur ein unterschiedliches Maß an Hingabe und Wertschätzung unseres Tuns.

- Wer beim Durchzug durch das Meer in der hintersten Reihe einer betagten Frau hilft, den Anschluss nicht zu verlieren, folgt seiner Bestimmung.
  Und zwar keiner geringeren als Mose ganz vorne.

C Auch das Bissige anpacken

Die Resignation hat viele Argumente. Moses einziges Hilfsmittel war ein gewöhnlicher Hirtenstab. Er vermutete, dass der Pharao mit seiner schwer bewaffneten Armee im Rücken nicht einmal einen herablassenden Blick für ihn übrig haben würde.

Auch wir haben manchmal bei exakter Gegenüberstellung unserer Ziele und Möglichkeiten den Eindruck, einen Bullen mit der Nagelschere schlachten zu sollen. Dann wollen wir den Stab, den wir einzig und allein in der Hand halten, auch noch wegwerfen.

Gott lehrt durch Wunder den Segen des Zupackens. Der Stab wird zu einer Schlange und retour (2. Mose 4,3.4). Die Botschaft dieses Zeichens ist: Wenn wir bereit werden, die Schlange anzupacken, wird sie zum Stab, der einmal mehr Halt gibt. Wenn wir auf etwas zugreifen, was uns Angst gemacht hat, ergibt sich eine neue Freiheit. Darin freilich haben wir – wie Mose zu diesem Zeitpunkt – noch sehr viele Übungsstunden vor uns.

Es ist eine Sache, den Stab in der Hand wegzuwerfen – also alles hinzuschmeißen. Und eine ganz andere, ihn loszulassen, weil Gott uns sagt: Lass los, wovon du dir zu Unrecht Halt versprichst. Lass zu, dass deine Hände (auch einmal) ganz leer sind. Hör auf, darum zu kämpfen, die Kontrolle nicht zu verlieren – die du im Grunde nie hattest.

Das andere Wunder unterstreicht die Aufforderung zum Anpacken nochmals: Mose soll die Hand in die Tasche stecken, worauf sie aussätzig wird (2. Mose 4,6.7). So beobachten wir es ja immer wieder: Handlungsmöglichkeiten, die wir nicht einsetzen, verkümmern allmählich. Doch sobald wir wieder zupacken, sind die Kräfte aktiviert. Die vergrabene Hand wird krank, die zum Segnen eingesetzte lässt gar den Himmel nicht unberührt.

Und wenn wir dabei aus fremdbestimmtem Funktionieren heraustreten und unseren Aufgaben herzlich gerne nachgehen, steht der Freude und dem Gelingen nichts mehr im Wege.

7. Versöhnungsschritt: 7

Die Hände aus den Taschen

Alltägliche Verrichtungen bekommen eine Würde, wenn Sie sich bewusst sind, auf heiligem Boden zu stehen. Vielleicht packen Sie dann wie von selbst etwas Notwendiges an, was in der Familie, Gemeinde oder am Arbeitsplatz oft erst einmal liegen bleibt, weil niemand dazu Lust verspürt. Oder Sie können im Laufe eines ganz normalen Tages eine Ihrer gewohnten Tätigkeiten, die Sie vielleicht eine Viertelstunde in Anspruch nimmt, mit besonderer Hingabe tun.
Wenn Sie z. B. das Thema in einem Hauskreis aufgreifen wollen, können Sie Ihren Austausch unterstreichen, indem Sie einander die Füße waschen (vgl. Johannes 13,1-20) – mit fantasievoller Hingabe, das beispielsweise das Eincremen der Füße einbeziehen könnte.

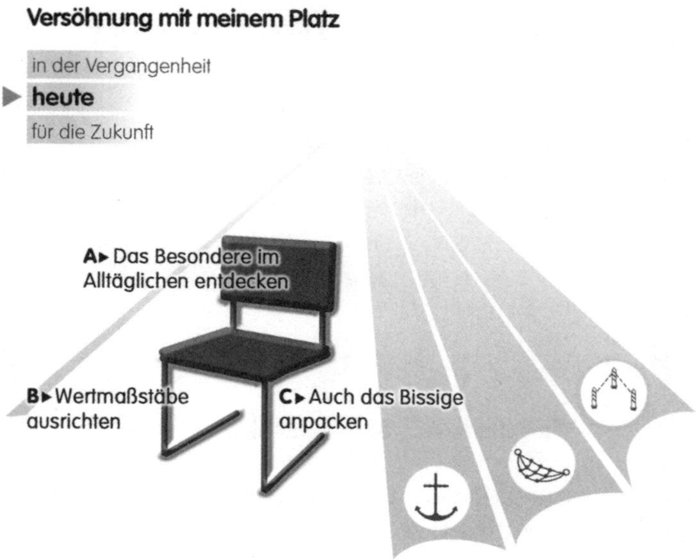

Wir sind alle Würmer. Aber ich bin davon überzeugt, dass ich ein Glühwürmchen bin.
Winston Churchill

3. ... wer damit rechnet, dass es gut weitergeht

Als wir Jugendliche waren, sprossen die Lebensträume nur so hervor. Unsere Zukunft sollte traumhaft schön sein. Und doch nicht unberechenbar. So waren viele unserer Ideen reichlich abgehobene Fantasien. Aber wir brauchten sie, um genug Schwungkraft zu haben, uns auf den Weg zu machen. Seitdem tragen auch die überschäumenden und später enttäuschten Träume dazu bei, dass wir etwas wagen.

Andererseits haben wir zu akzeptieren, dass sich vieles nicht oder nicht so schnell und einfach erfüllen wird. Würden wir uns an unsere pubertären Träumereien klammern, könnte das im Extremfall zu einer Persönlichkeitsstörung und zur Lebensuntüchtigkeit führen.

Die Schwierigkeiten bei der Erfüllung all unserer Träume sind also völlig unvermeidbar. Wenn wir das anerkennen, sind wir entlastet. Wir brauchen für die Einschränkungen keinen Schuldigen mehr zu suchen.

A Die persönliche Bestimmung sehen

Männer wollen immer nur das eine, heißt es: ihre Ruhe. So platt solch ein Spruch auch ist – wir kennen das Sicherheits- und Ruhebedürfnis von uns Männern und Frauen. Sich zurückzuziehen und abzuschotten kann Sinn machen, solange daraus keine Isolation wird. Auch Mose will eine ganze Zeit lang seine Ruhe haben. Genau die findet er nicht. Auch nicht, als es so still ist, dass es schon fast wehtut. Stets hatte er sich nichts sehnlicher gewünscht als dies: Sklaven und Sklavenhalter auseinander zu bekommen, damit etwas in ihm zusammenkommt. Doch als Gott ihn aufruft anzupacken, zögert er nicht mit der Antwort: falsch verbunden. Mit dem Schafezählen klappt es ganz gut. Etwas ganz anderes ist es, in Machtstrukturen einzugreifen, die sich in Jahrhunderten etablierten. Mose meint: An solchen Befreiungsschlägen verbrenne ich mir nicht mehr die Finger. Das nimm mal lieber selbst fest in die Hand, Herr. Zeig du dem Pharao doch, was Sache ist. Aber ich »nobody«[4] doch nicht.

Die unbeirrbare Antwort Gottes ist: Du hast eine Bestimmung – und nicht erst seit gestern. Aus der bist du nie und nirgends herausgefallen. Weder durch dein Versagen noch durch deine Resignation.

Jede/-r von uns hat eine Bestimmung. Vielleicht erscheint uns das zu abgehoben. So weit weg wie die Lebensgeschichte des Mose. Oder es riecht uns zu sehr nach diktatorischen Festlegungen Gottes, denen wir uns ohne Widerrede unterzuordnen haben. Ob wir es hören wollen oder nicht: Jedes Kind Gottes hat auch seinen bestimmten Platz in seiner Familie.

An Alzheimer erkranken Menschen ist es im fortgeschrittenen Stadium nicht mehr möglich zu erkennen, wer sie eigentlich pflegt. Das ist für Angehörige oder das Betreuungspersonal sehr gewöhnungsbedürftig. Man kann sich dabei so austauschbar vorkommen. Wie soll man eine Beziehung aufbauen, wenn man den Eindruck hat, nicht gemeint zu sein? Das können wir nicht leicht vertragen.

Gut zu wissen, dass wir für Gott nicht austauschbar sind. Er verfolgte eine ganz konkrete Absicht, als er uns das Leben schenkte. So hat er uns einen ganz speziellen, besonderen Platz in dieser Welt gegeben, den niemand anderes so ausfüllen kann, wie es gerade uns möglich ist. Wenn das keine Berufung ist!

Wir sind unverwechselbar. Für die Menschen, denen wir etwas bedeuten. Und für Gott erst recht. Und wann haben wir es voll und ganz begriffen? Sich die eigene Besonderheit vor Augen zu führen, ist eigentlich (noch) wichtiger als Zähneputzen und all die Dinge, die wir tun, um für den Tag präpariert zu sein.

Jeder noch so knorrige Dornbusch ist zu gebrauchen, wenn nur Gott in ihm brennt. Manchmal erscheint uns alles, was wir uns vornehmen, wie ein kurzzeitiges Strohfeuer. Oder so klein wie ein Fünkchen, das bald verglimmen wird. Doch dann fängt etwas an zu brennen und hört einfach nicht mehr auf. Solch ein Feuer ist Gottes Wort (vgl. Jeremia 23,29). Es verzehrt sich ebenso wenig wie die Treue und Liebe Gottes, die es nährt.

Gott erscheint in einem besonders öden und langweiligen Exemplar seiner Schöpfungskollektion: einem Dornbusch. Entscheidend ist jedoch nicht die äußere Gestalt, sondern das innere Feuer. Unser Tun hebt die Welt nicht aus den Angeln. Aber wenn plötzlich etwas in uns warm wird, weist das auf etwas Wichtiges hin.

Uns wird gesagt: Hör auf, über deine Kümmerlichkeit zu

klagen. Tritt näher. Das nicht verzehrende Feuer ist nur eine erste Kostprobe für die Erfahrung: Da brennt und brennt etwas in uns weiter, obwohl wir denken, der Ofen müsste schon lange aus sein. Wie durch ein Wunder brennen wir nicht aus. Natürlich ist das kein Freibrief, sich alles Mögliche und Unmögliche aufzuhalsen und nicht auch besonnen auf ein ausgewogenes Leben zu achten.

Wenn uns eine Sehnsucht treibt, die von Gott kommt und nicht aus unserem Wunsch nach Selbstbestätigung, werden wir diese Ausgewogenheit auch finden. Wir werden nicht verzehrt. Wider allem äußeren Schein lodert es weiter. Und ein Leben, das unter den Möglichkeiten dieses Wunders bleibt, wäre dann doch zu dürftig.

8. Versöhnungsschritt: 8

Visite bei den eigenen Jugendträumen

Dafür brauchen Sie schon etwas Zeit in einer ungestörten Atmosphäre:

An welche Ihrer Jugendträume können Sie sich erinnern? Notieren Sie Stichpunkte. Werden Sie für verschiedene Lebensbereiche konkret. Streichen Sie dankbar ab, was in Erfüllung gegangen ist. Welche Gefühle haben Sie, wenn Sie jetzt auf die unerfüllten Träume schauen? Welcher hat besonderes Gewicht? Denken Sie daran und sagen Sie zu diesem Traum: Auch du bist wichtig für mich gewesen. Und jetzt will ich überlegen, wie ich mit dir umgehe.
Vielleicht müssen Sie das gar nicht alleine überlegen. Suchen Sie sich Menschen, mit denen Sie sich über Ihre persönlichen Berufungen, Ziele und Wünsche austauschen können. Dort sollten Sie auch über Enttäuschungen angstfrei sprechen können.

B Der Resignation trotzen

Wer kräftig zupackt, muss nicht lange auf Widerstände warten. Zwei davon sind besonders markant:

Wir fürchten, dass uns andere Schwierigkeiten machen werden. Moses Abwehr gegen seinen Auftrag hatte den Kehrreim: Niemand wird mich für voll nehmen (2. Mose 4,1). Tatsächlich war es in Ägypten nach aktuellen Umfragen gerade nicht voll im Trend, daherzukommen und zu sagen: Gott hat mich gesandt. Von Befreiung kündende Gotteserscheinungen waren nicht das Gängige – nach weitgehender Sendepause in 430 Jahren Gefangenschaft. Mose konnte nicht damit rechnen, dass ihm geantwortet wird: Haben wir uns schon gedacht, dass Gott dir diesen Auftrag gegeben hat.

Er befürchtete, in Ägypten als ahnungsloser Eingereister und Außenseiter betrachtet zu werden. Er konnte nicht wirklich mitreden, weil er bei der ganzen Pyramidenbauerei nie einen einzigen Stein auf den anderen gesetzt hatte. Er trug nicht die verschlissenen Kleider der Israeliten und sprach nicht mehr perfekt ihre Sprache.

Als Mose nach Ägypten kam, wurde es erst einmal noch schlimmer (2. Mose 5,23). Wenn wir an etwas rühren, kann es manchmal nochmals richtig wehtun. Das ist einer unserer Gründe, warum wir lieber noch ein bisschen warten, bis wir einen Schaden beheben. Und nicht nur bei Zahnschmerzen.

Gott sagte dem Mose auch gar nicht, dass er nur ein bisschen mit seinen Muskeln spielen müsste. Aber Gott selbst wird seinen Arm ausstrecken, weil unserer immer zu kurz ist (2. Mose 3,20). Dann zählen die ursprünglichen Richtlinien nicht mehr – zum Beispiel, dass Moses biologische Uhr tickte und es gegen jede Regel ist, sich mit 40 zurückzuziehen, um dann zwischen 80 und 120 noch mal zur Höchstform aufzulaufen.

Doch Mose hatte mitbekommen: Ich bin hier nicht der Mittelpunkt der Geschichte. Und als er vom mächtigsten Mann der damaligen Welt gefragt wird, was er sich eigentlich einbildet, weiß Mose, dass er auf den verweisen muss, der hinter ihm steht. So sagt er erhobenen Hauptes: Gott hat mich gesandt. Mit dem solltest du dich nicht anlegen. Punkt. Ende der Pressekonferenz.

Manchmal befürchten wir auch, dass allen Beteiligten irgendwann die Puste ausgeht. Mose brachte nach und nach alle seine Argumente gegen Gottes Berufung vor. Allerdings behielt Gott immer das letzte Wort. Als Mose nichts mehr einfiel, sagte er klipp und klar: »Mein Herr, sende, wen du senden willst« (2. Mose 4,11). Gemeint war: Such dir jemand anderen.

An Gottes Stelle hätte ich wahrscheinlich gesagt: Mir reicht's. Muss ich halt einen anderen finden, die Sache auf Eis legen oder ohne Unterstützung eines Volksführers das Ganze durchziehen. Doch Gott schaute in das Herz des Mose – auf das, was hinter all den angstgesteuerten Attacken lag. Wie wäre es denn weitergegangen, wenn Gott Mose seiner Resignation überlassen hätte? An keinem der ihm noch verbleibenden Tage hätte Mose sich des Gefühls erwehren können, nun endgültig davongelaufen zu sein. Und hinter jeder noch so unscheinbaren Wegbiegung hätte er gefürchtet, dass die unerfüllte Sehnsucht ihm auflauert.

Gott wies Mose auch darauf hin, dass er nicht alleine kämpfen müsste. Aaron würde für ihn sprechen. Er bot ihm Bruderschaft an. Und überhaupt drehte Gott das Wort des Mose in die einzig sinnvolle Richtung. Er stellte fest: Genauso mache ich es. Ich sende, wen ich senden will. Gerade dich.

Mose setzte sich dann doch in Bewegung, da über seine Begeisterung für das geschundene Volk Gottes kein Gras – nicht ein einziger Halm – gewachsen war. Doch jetzt ging er nicht mehr voraus, sondern hinterher. Mose wusste, was passiert wäre, wenn er sich weiter verweigert hätte: Er hätte seine Chance vergeigt, mit seiner Sehnsucht noch irgendwie ins Reine zu kommen. So fand er bei allem Tumult der nächsten Jahre einen Frieden, auf den er nicht mehr gehofft hatte.

Wir haben uns manchmal aussichtslos verlaufen. Wie das verlorene Schaf, von dem Jesus einmal erzählte (vgl. Lukas 15,4-10). Dann fühlen wir uns echt belämmert. Wir wollten die Herde voranbringen, statt sie aufzuhalten. Was uns nun noch bleibt, ist die Hoffnung, dass für unseren Hirten kein Weg zu weit ist, um uns nachzulaufen. Und dass für ihn der Einzelne zählt. Dass der Gottessohn daraufhin für uns selbst zum Lamm wird, dass nur noch notgeschlachtet werden kann – auf so etwas Unerhörtes kommt kein Mensch. Nur Gott.

9. Versöhnungsschritt: 9

Sich nicht von den Widerständen schocken lassen

Auch wenn Sie bislang kein Tagebuch geführt haben, ist es hilfreich, ein paar markante Erfahrungen in Zusammenhang mit Ihrer persönlichen Beauftragung aufzuschreiben. Beachten Sie dabei auch die beiden beschriebenen Aspekte:

- Führen Sie sich eine konkrete Situation vor Augen, in der Sie sich von anderen Menschen ausgebremst fühlten. Denken Sie über den Satz nach: »Das Wesentliche kann niemand blockieren.«
- Wann waren Sie drauf und dran zu resignieren – und merkten, dass es dennoch weiterging? Sie sind eingeladen, einmal mehr über die Beharrlichkeit Gottes zu staunen.

C Träume bekräftigen oder verabschieden

Manche Träume sind Schäume. Doch auch alles Bedeutungsvolle in dieser Welt hat mit einem Tagtraum angefangen. Wir brauchen viel Heiligen Geist, um die hinderlichen von den motivierenden Träumen zu unterscheiden. Auf dreierlei Weise können wir mit den Träumen umgehen

* *Die vermessenen Träume sollten wir kreativ verabschieden.* Befinden Sie sich schon (länger) in Ihrer zweiten Lebenshälfte? Dann werden Sie voraussichtlich einige großen Aktivitäten nicht mehr angehen, weil dafür die Uhr abgelaufen ist. Es wird nicht mehr möglich sein, noch einmal an diese Weggabelung zurückzugehen. Träume, die einfach zu unserer fortgeschrittenen Lebenssituation nicht mehr passen, sind uns ein Klotz am Bein, der viele (noch immer) mögliche Schritte erschwert.

Dann ist es wichtig, diesen Wunsch zu betrauern, damit auch er seinen Platz findet. Würdigen Sie dabei Ihren Traum. Sehen Sie ihn nicht als einen Irrtum, sondern als etwas, das lange Zeit für Sie wichtig war und Ihnen vielleicht Lebensmut gegeben hat. Verurteilen Sie sich auch nicht dafür, dass Sie dieses Ziel nicht verwirklichen konnten.

* *Manche Hoffnungen sollten wir bewahren.* Bei anderen Träumen wäre es falsch, sich von ihnen zu trennen. Sie warten wie ein Samenkorn im Wüstensand auf die Stunde des großen Erwachens. Mose hatte seine Sehnsucht wach gehalten. Er nannte seinen Sohn Gersom (deutsch: Fremdling). Damit wies er sich darauf hin, im Exil zu leben (2. Mose 2,22). Immer wenn er ihn ansprach, wurde er daran erinnert.

* *An anderen Stellen müssen wir unser Zögern endlich beenden.* Von einem Fuß auf den anderen zu treten, ist als bestimmendes Lebensmuster wenig tauglich. Lange genug ließ sich Mose wie solch ein Dornbusch vom Wind durch die Steppe rollen, ohne seine Sehnsucht irgendwo abwickeln zu können. Nun sollte Mose nach Ägypten zurückkehren, um daraus auszuziehen. Freilich nicht in

eigener Sache. Allerdings fiel dabei auch für ihn eine Menge ab. Gott verknüpft das immer. Sonst wären wir wahrscheinlich auch nicht motiviert genug, da wir unsere eigenen Bedürfnisse nicht vergessen werden. Was wir für andere tun, tun wir auch für uns selbst. (Und umgekehrt: Andere profitieren von dem, was wir für uns selbst tun.)

Natürlich kann es an jedem Punkt unseres Lebens noch einmal neue Berufungen geben, mit denen wir nicht mehr gerechnet hatten. Wenn Gott einen Menschen beruft, geht er das ganz anders an, als wir es tun würden. Er sortiert nicht nach Alter vor. Er beruft ganz junge Menschen wie Maria und ziemlich alte wie Mose, Abraham u. a.

10. Versöhnungsschritt: 10

Den Traum bewegen

Denken Sie nochmals an den unerfüllten Traum, der für Sie obenauf liegt, und wählen Sie unter diesen drei Varianten:

- Auf Umsetzung drängen:

  Lassen Sie sich immer noch durch irgendwelche Vorbehalte davon abhalten, es endlich anzupacken? Gestatten Sie sich etwas nicht? Welche Ängste blähen sich hier auf?

- Weiter warten und bewahren:

  Womöglich ist die Stunde der Umsetzung noch nicht herangereift. Warten muss nichts Passives sein. Wir können unseren Traum weiter bewegen – in unserem Herzen oder auch mit anderen zusammen.

- Abschied nehmen:

  Von welchem Ihrer unerfüllbaren Ziele möchten Sie sich jetzt verabschieden, da die Weichen offenbar unwiderruflich in eine andere Richtung gestellt sind? Vielleicht wollen Sie dieses Abschiednehmen von solch einem Lebenswunsch auch kreativ gestalten – quasi eine kleine Trauerfeier, die Sie für sich oder mit sehr vertrauten Menschen gestalten.

Versöhnung mit meinem Platz

in der Vergangenheit
heute
▶ **für die Zukunft**

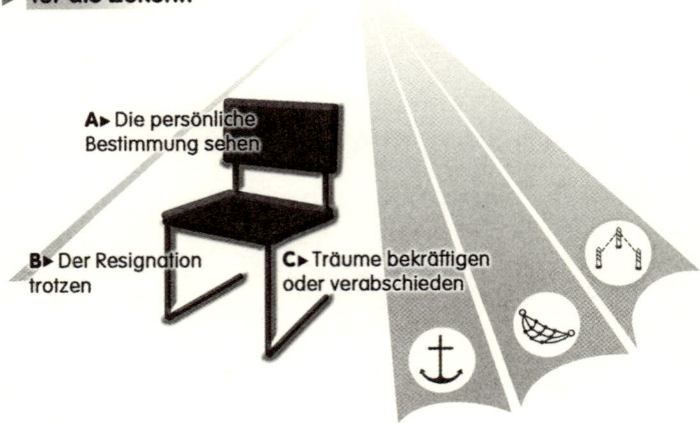

Im Übrigen

Man hat sich ja zusammengeträumt, wie der Lebensweg verlaufen soll. Jedenfalls nicht durch eine Wüste, in der man sich ausgedörrt wie Trockenobst fühlt – bloß nicht so haltbar. Vierzig Jahre Ausnahmezustand – ärger kann's nicht kommen.

Dabei ist noch lange kein Land in Sicht. Keine Argumente werden den Pharao einlenken lassen. Kein noch so großes Wunder wird das auserwählte Volk dazu bewegen, von nun an felsenfest zu vertrauen. Doch auf alle noch so massiven Bedenken soll Mose den Israeliten den Namen Gottes nennen: »Ich bin, der ich bin.« Gott allein weiß ganz und gar, wer er ist, ohne jemanden fragen zu müssen. Er weiß auch, was er (für uns) will. Ohne dass das irgendwo eine Mehrheit haben muss. Und Gott sagt uns auch: Ich werde sein (2. Mose 3,16). In meiner Hand ist deine Zukunft gut aufgehoben.

Wer das Morgen ganz in die Hand Gottes legt und heute ganz empfängt, was er zum Leben braucht, der alleine ist wahrhaft gesichert.

Dietrich Bonhoeffer

Angstfreier lebt, ...

Ängste gehören zu den Dingen, die ständig in Serie produziert werden, obwohl kein Mensch sie haben will. Außerdem fallen sie meist weitaus größer aus, als die Bedrohung tatsächlich ist.

Neben den Sorgen um andere Menschen sind es im Blick auf uns selbst vor allem drei Befürchtungen, die uns zusetzen:

* Versorgungsängste: die Sorge, materiell nicht ausreichend abgesichert zu sein

* Versagensängste: die Befürchtung, nicht genug Anerkennung zu bekommen

* Verlustängste: das Bangen, zu verlieren, was uns auf unserem Lebensweg Halt und Orientierung geben soll.

Da Ängste uns die schönsten Erlebnisse vermiesen können, lassen wir nichts unversucht, sie zu entmachten. Geld, Sex und Macht scheinen Mittel gegen die Angst zu sein. Doch Geld schafft keine Sicherheit, sondern suggeriert nur kurzzeitig Unabhängigkeit. Nicht Sex stillt unsere tiefste Sehnsucht, sondern das Gefühl, begehrt oder besser: gemeint zu sein. Ebenso ist nicht die Macht an sich so erstrebenswert, sondern der Wunsch, sich gegen Übergriffe abzusichern.

Nach manchen vergeblichen Versuchen, die Angst endgültig auszuschalten, schauen wir uns fragend nach Gott um. Reicht sein Handeln aus, um uns die Angst zu nehmen?

Die Israeliten hatten als Antwort während der Wüstenwanderung ständig drei Dinge vor Augen: das Manna, das Heiligtum und die Wolkensäule. Welche Zeichen setzt Gott uns?

Wir Menschen plagen uns ab, um die Mittel zum Leben zu erwerben, nur das Leben lassen wir darüber bleiben.
Adalbert Stifter

4. ... wer sich versorgt fühlt

Werde ich ausreichend und schnell genug versorgt? Das ist die Frage, die uns als Säugling wahrscheinlich zuerst ins Bewusstsein drang. Die Karriere unserer Sorgen hat früh begonnen.

Nun haben wir mittlerweile unzählige gute Erfahrungen gemacht. Es hat immer zum Leben gereicht. Bis heute. Und mit an Sicherheit grenzender Wahrscheinlichkeit wird es auch morgen reichen. Doch statt uns sicher zu sein, dass wir endlich versorgt sind, hätscheln wir unsere Sorgen oder zersorgen uns sogar manchmal regelrecht.

Jahrtausende haben Menschen gehofft: Wenn einmal die Brotfrage geklärt ist, jeder ein (dichtes) Dach über dem Kopf hat und sich auch sonst leisten kann, was zum Leben notwendig ist – dann braucht sich niemand mehr um materielle Fragen Sorgen zu machen. Doch es ist anders gekommen. Keine Anhäufung von Gütern vermag die Angst abzuschütteln, auch zukünftig ausreichend versorgt zu sein. Offensichtlich verselbstständigt sich da etwas. Jesus weist darauf hin, dass das Geld sich wie ein Herr gebärdet (vgl. Matthäus 6,24). Es lässt Wünsche in uns aufkeimen, auf die wir alleine gar nicht gekommen wären.

A Der Bedürftigkeit zustimmen

Die Sorge, nicht ausreichend versorgt zu sein, ist in unserer Bedürftigkeit verwurzelt. Meine Mutter berichtete, dass ich als Säugling im Hinblick auf mein Schreipensum ein recht verträglicher Mensch war. Vorausgesetzt, ich war gesättigt. Bei der Fütterung schrie ich aus Leibeskräften zwischen zwei zu meinem Mund geführten Löffeln – in der Befürchtung, es könnte der letzte sein.

Was für ein Mordsgeschrei gäbe es, hätten wir nicht gelernt, unsere Bedürftigkeit zu kontrollieren. Doch geringer ist sie nicht geworden – eher noch ausdifferenzierter. Denn nicht nur wir selbst, sondern so vieles, was mittlerweile zu uns gehört, soll in trockenen Tüchern liegen.

Dabei sind unsere Wünsche nach Wohlstand, Beziehungen und Erfolg usw. immer (etwas) größer, als was wir erwirtschaften und bewältigen können. Jeder Mensch hat ein kritisches Bedürfnis, das sich nicht so leicht stillen lässt. Und sobald wir in irgendeinem Zusammenhang gesättigt sind, wachen andere Bedürfnisse auf. So verlieren wir unsere Bedürftigkeit erst ganz zuletzt.

An unserer Bedürftigkeit stört, dass sie uns so abhängig macht. Das merkt man besonders, wenn man wie Mose mit einem riesigen

Volk ohne Hilfsorganisationen im Rücken eine Wüste abschreitet. Wie befreit werden sich die Israeliten wohl tatsächlich gefühlt haben, während sie durch die Wüste marschierten? In Ägypten konnten die Israeliten etwas schaffen – sie bauten Pyramiden. Freilich: Die monströsen Behausungen waren den Mumien vorbehalten. Versklavung und Schufterei schrien zum Himmel. Das monumentale Ergebnis war jedoch auch nicht zu übersehen. Einerseits waren sie nun frei. Andererseits werden sie nun die Möglichkeit vermisst haben, für ihren Lebensunterhalt arbeiten zu können. So purzeln sie von der Sklavenschinderei in die Arbeitslosigkeit. Ganz abhängig von der Stütze Gottes – der Regierung, von der man sich letztlich nie ganz sicher ist, ob sie großzügig gibt oder das Vorhandene lieber zurückhält.

Nachdem der Reiseproviant schnell verbraucht war, blieb ihnen nichts übrig, als zu vertrauen, dass Gott sie jeden Tag neu versorgt. Es fiel zuverlässig Manna, Brot vom Himmel. Damit ist doch eigentlich alles in Butter. Doch was daran nicht schmeckt, ist die Zementierung von Abhängigkeit. Sollte Gott nur einen Tag seine Hand zurückziehen, würden sie es sofort merken. Ganz tief im Bauch. Dem Sklavenvolk war es fremd, sich beschenken zu lassen. Sie hatten sich bislang alles erarbeitet. Wenn sie etwas bekamen, wussten sie warum: zum Erhalt ihrer Arbeitskraft. Das war ihnen sicher, denn sie, wurden ja gebraucht. Geschenke können dagegen verunsichern. Was wird im Gegenzug erwartet? Man fühlt sich auf ein Füllhorn angewiesen, auf dessen Ausschüttungen man keinen Einfluss hat.

Allerdings ist es gerade unsere Bedürftigkeit, die uns Brücken bauen lässt. Vertraut man grenzenlos der Person, von der man abhängig ist, hat man nichts zu befürchten. Was ist das für eine Geborgenheit, mit der die kleineren Kinder ohne Wenn und Aber nehmen! Sie kosten ihre Abhängigkeit ganz aus, weil sie sich darin gut verbunden und aufgehoben fühlen.

Eigentlich ist es schade, dass wir nicht per Himmelsbrot versorgt werden. Wir werden nicht mit der Nase darauf gestoßen, dass Gott uns täglich alles gibt, was wir zum Leben brauchen. Die Supermarktregale versperren uns eher die Sicht, wer uns ernährt. Doch es besteht kein Zweifel: Was uns zufällt, muss jemand auf den Weg geschickt haben. Manchmal rolle ich mich morgens gleich nach dem Aufwachen zusammen und strecke mich dann mit dem Gebet: »Ich bin dein Kind, Herr. Ganz angewiesen auf deine Güte. Daraus werde ich mich auch heute nicht herausarbeiten. Gut so.« Und dann suche ich nach Zeichen für Gottes Zuverlässigkeit, die über unsere so weit hinausgeht wie der Himmel über die Erde.

Aber auch mit unseren Mitmenschen verbindet uns die Bedürftigkeit. Wie könnten wir füreinander sorgen, wenn niemand etwas bräuchte?! So gibt es viel Gelegenheit zur Unterstützung und Dankbarkeit, durch die wir uns weniger alleine fühlen.

Wir spüren auch uns selbst gerade in unserer Bedürftigkeit. Gerade weil wir (ansatzweise) Hunger verspüren können, lässt sich das Essen genießen. Dagegen kann der Übersättigte es sich kaum noch schmecken lassen. Wir können uns wohltuend spüren, wenn wir an der Quelle durstig, vor dem Zubettgehen müde und in Anfahrt auf die Insel reif für dieselbe sind. So stärkt unsere Bedürftigkeit unsere Beziehung zu Gott, dem Nächsten und uns selbst.

11. Versöhnungsschritt: 11

Was wir von unserer Bedürftigkeit haben

Schauen Sie auf die Vorzüge Ihrer Bedürftigkeit:

- Jede Bedürfnisbefriedigung ist eine Gelegenheit, sich wohltuend zu spüren.
- Die Bedürftigkeit weist auf eine Abhängigkeit von Gott hin, in der Sie sich geborgen fühlen können.

- Die gegenseitige Fürsorge verbindet Sie mit anderen Menschen.

Welcher dieser Tatsachen können Sie noch mehr Aufmerksamkeit schenken?

B Sich für Zufriedenheit entscheiden

Mit vielem in dieser Welt dürfen wir uns nicht zufrieden geben. Andererseits ist unsere grundsätzliche Bereitschaft gefragt, anzuerkennen, was längst ausreichend ist. Seltsam, dass es für diese Grundhaltung kein gebräuchliches modernes Wort gibt – allenfalls den alten Begriff des Befriedetseins. Daran ist hier bei dem Begriff »Zufriedenheit« zu denken.

Die Zufriedenheit hat's nicht leicht, uns zu dominieren. Unerhört, aber wahr ist, dass uns niemand hilft, zufriedener zu werden. Im Gegenteil. Zufriedenheit soll uns mit aller Macht ausgeredet werden. Nach den Prinzipien einer Leistungsgesellschaft ist es im Grunde eine individuelle Entgleisung, sich mit etwas zu begnügen. Das ist unzulässig, weil es Leistung und Kaufkraft einschränkt. All unsere Errungenschaften und Erfolge sollen uns nur noch anspruchsvoller machen.

Leider kann die uferlose Unzufriedenheit nicht nur von außen, sondern auch aus unserem Inneren kommen. Wir haben gelernt, dass man sich nicht so schnell zufrieden geben sollte. In unserer Kindheit haben wir einstudiert, vor potenziellen Gebern die eigene Bedürftigkeit unauffällig herauszukehren. Doch wir wollen uns gegen diesen ganz normalen Wahnsinn im Hamsterrad wehren. Schließlich steht unser Glück auf dem Spiel.

Die Zufriedenheit wartet auf unsere Entscheidung. Vergeblich haben wir darauf gewartet, dass alles ständig besser wird und wir geradezu nicht anders können, als zufrieden zu sein. Nun bleibt uns nur noch eins: selbst den Punkt finden, an dem wir zufrieden sind, und uns das gute Gefühl bescheren, das wir uns von unseren Anstrengungen versprochen haben.

Natürlich brauchen wir dafür gute Gründe, um uns nichts vorzumachen. Doch es gibt genug davon:

* Es ist nun wirklich der Joker, im Mitteleuropa des späteren 20. Jahrhunderts aufgewachsen zu sein – mit einer Friedensperiode von 60 Jahren im Rücken. Nur wenige von uns haben Krieg, Naturkatastrophen und andere Geißeln der Menschheit am eigenen Leib verspürt. Wenn das so bleibt, können wir uns beglückwünschen. Und selbst wenn nicht, haben wir schon viel bekommen. Wir können dafür nicht jeden Tag dankbar sein. Doch ab und zu wäre es schon möglich.

* Wenn uns auch wirtschaftliche Einschränkungen bevorstehen können, wird uns vieles dennoch nicht genommen: die Grundausstattung eines Sozialstaates, die uns genug Nahrung, Kleidung und Wohnraum sicherstellt; Beziehungen, die sich auf Herzlichkeit und nicht auf Status und Besitz gründen; Bewegungsmöglichkeiten in Gottes Schöpfung u. v. m.

* Neulich übernachtete ich in einer Ferienwohnung, in der alle Einrichtungsgegenstände aus den 60er-Jahren zu stammen schienen. Eine interessante Erfahrung, zumal wir uns an viele Bequemlichkeiten so sehr gewöhnt haben. Woraus leitet sich eigentlich der Anspruch ab, Wohlstand und Bequemlichkeit ließen sich immer noch weiter vermehren?

Menschen, die gegen die Kürzung von Sozialleistungen demonstrieren, verdienen wenigstens unser Verständnis. Aber ich möchte mir zuerst selbst sagen, dass ich meine Zufriedenheit nicht auf Gedeih und Verderb mit meinem Lebensstandard verknüpfen will. Und hoffe, auch noch für vieles dankbar sein zu können, wenn es materiell spürbar bergab gehen sollte.

12. Versöhnungsschritt: 12

Freie Fahrt für Genügsamkeit

Wie wäre es mit einem kleinen Tagebuch der Genügsamkeit? Dort können Sie alles notieren: was Ihnen zur Verfügung steht, was Sie sich leisten konnten, wie Sie etwas preisgünstig bekommen haben ... Listen Sie einfach einmal auf, womit Sie nun wirklich zufrieden sein und woran Sie sich freuen können.
Beobachten Sie, inwieweit Sie sich um die Zufriedenheit betrügen. Sie haben sich von einer Sache oder einem Erfolg mehr Zufriedenheit erhofft. Aber dann würdigen Sie das Erreichte nicht, sondern konzentrieren sich ganz auf das, was noch nicht ist. Machen Sie es anders, indem Sie die Teilerfolge stärker beachten und so der Zufriedenheit den Raum geben, der ihr zusteht.

C Genügsamkeit stärken

Einige Verhaltensweisen können Zufriedenheit fördern und damit Versorgungsängste verringern.

Die Sammelleidenschaft entschärfen. Einst erzählte man uns, dass unsere Urahnen ganz anders lebten – als Jäger und Sammler. Ich finde, wir sind heute noch ausgeklügelter damit beschäftigt, alles Mögliche (und Unmögliche) zu sammeln.

Wir besitzen durchschnittlich etwa 10 000 Sachen. Das stellt uns vor eine historische Aufgabe, die Generationen vor uns nicht zu lösen hatten. Wenn sie arm waren, hatten sie nur ein Bruchteil der heutigen Gebrauchsgegenstände. Waren sie aber reich, hatten sie ihre Bediensteten, die all diese Sachen für sie ordneten.[5] Wir haben das jedoch in Personalunion zu bewältigen. So fühlen wir uns manchmal als Sklaven unseres eigenen Besitzes, da der Tag nicht genug Stunden hat, ihn angemessen zu betreuen.

Wenn wir dabei wenigstens entschädigt werden würden, indem wir uns sicherer fühlen!

In der Bibel steht die Bitte an Gott: »Armut und Reichtum gib mir nicht« (Sprüche 30,8). Weil uns unsere Bedürftigkeit näher erscheint als die Probleme, die Reichtum mit sich bringt, fürchten wir die Armut sehr viel mehr. Ob das berechtigt ist, erscheint mir fraglich.

Die Erfahrung, dass wir mit dem Zuviel genauso leer ausgehen wie mit dem Zuwenig, kennen wir aus unserem Alltag. Wir suchen beispielsweise eine bestimmte Information im Internet und müssen lesen: »Ihre Suchanfrage hat 17 361 Treffer ergeben.« Also keinen. Der Reisekatalog ist zu dick, um das Passende zu finden. Und wer zu viele TV-Programme überblicken will, hat zum Schluss keine Sendung richtig gesehen.

So horten wir so viel, dass wir uns nicht mehr alles wirklich zu Eigen machen können. Und dann sind wir ständig mit Suchen beschäftigt ... Besitztümer anzuhäufen ist also nicht der Königsweg zum Wohlbefinden. Die weitaus nützlichere Herausforderung für uns ist das gekonnte Aussuchen: Was von alledem tut uns denn überhaupt gut?

Die Geschenke Gottes auspacken. Reich können wir niemals werden, indem wir andere übertrumpfen. Reich können wir uns fühlen, wenn wir sehen, wie überaus reich die Natur ist. Der Schöpfergott ist aus Sicht eines angstbesetzten Haushalters ein Verschwender. Das konnten selbst die Wüstenwanderer erkennen. Jeden Morgen war reichlich Manna vor ihnen ausgebreitet. Was liegt näher, als Vorsorge zu treffen – für den Fall, dass der Dienst habende Engel am himmlischen Brotspeicher morgen früh verschläft? Doch offenbar war das Manna frei von Konservierungsstoffen, so dass es bereits in der ersten Nacht seiner Aufbewahrung verdarb. Es sei denn, der nächste Tag war ein Sabbat. Wie konsequent verfolgt Gott vom Paradies an den Wochenrhythmus von Arbeit und Ruhe! Gott dosiert das Manna so, dass das Volk am siebten Tag vom Aufsammeln befreit ist und dennoch reichlich übrig bleibt.

Verkrampftes Festhalten lässt uns scheitern. Was wir über das für uns notwendige Maß hinaus sammeln, verschimmelt (vgl. 2. Mose 16,20). Mehr Nahrung, als wir gut verdauen können, mehr Erfolg, als wir charakterlich verkraften, mehr Beziehungen, als wir auszufüllen vermögen – werden uns zur Last.

Das Himmelsbrot heißt: *Man hu*. Zu Deutsch: Was ist das? Wissen wir, was wir essen? Wir kennen womöglich alle Bestandteile. Doch der staunende Anschluss an das Geheimnis des Lebens ist uns mit all unserem Wissen eher verstellt. Im Staunen nehmen wir ein wenig Abstand von unserer Fantasie, es sei für uns alles machbar.

Wenn wir irgendeinen Konsumgegenstand in den Händen halten, sollten wir einmal seinen Weg zurückverfolgen. Aus welchen Quellen des Schöpferreichtums ist er gewonnen? Man-hu könnte dann auch heißen: Woher kommt es? Von wem?

Der Zufriedenheit und Dankbarkeit »Stammplätze« einrichten. Die Israeliten hatten sich kräftig auf ein gemeinschaftliches Murren eingestimmt. Sogar die Sklavenschinderei erschien ihnen im Lichte der Unzufriedenheit wie ein Aufenthalt im Holiday Inn. Und so kommen sie auf die unbrauchbarsten Ideen: Statt des Manna-Standardzwiebacks wollten sie Fleisch bis zur Magenverstimmung. Zu stark fühlten sie sich bedroht von der Wüste, der die spielerische Seite eines Sandkastens fehlte.

Die Aufmerksamkeit liegt in unserer Welt immer darauf, was fehlt und nicht in Ordnung ist. Dieser Schieflage können Riten entgegenwirken, die das bereits Gegebene mehr in den Mittelpunkt rücken. Schreiben Sie sich z. B. immer wieder einen Dankzettel. Sprechen Sie mit anderen Menschen zu bestimmten sich wiederholenden Anlässen gewohnheitsmäßig über das, was Sie dankbar macht.

Im Grunde gibt es auch im Laufe einer ganz durchschnittlichen Woche Erfahrungen, die das Gefühl von Zufriedenheit stützen. Meine persönliche Wohlfühl-Session, die ich mir möglichst mehrmals in einer Woche genehmige, sieht beispielsweise so aus: Ich skate eine Stunde lang – am besten nicht alleine. Dabei spüre ich verschiedenen Muskeln meines Körpers nach und gebe mich so der Beschwingtheit hin. Anschließend freue ich mich auf die Dusche. Ich spüre meine frische Kleidung. Danach kann ich etwas essen. Dabei koste ich den Geschmack des Brotes und des Wassers aus. Wichtig ist dabei, die stärkenden Momente kräftig nachschwingen zu lassen.

»Wir bekommen nichts geschenkt« – das ist eine der hartnäckigsten Lügen, die man immer wieder hört. Die Wahrheit ist: Wir leben nur von Geschenktem. Ohne deshalb von Ablegern (also Dingen, die keiner mehr haben wollte) umgeben zu sein.

Auch das Weitergeben bereichert. Global haben wir es immer mit dem Ernstfall zu tun, dass andere Menschen etwas lebensnotwendig bräuchten, was wir haben. Nichts abzugeben ist eine sehr unwirtschaftliche Angelegenheit. Das kann man zwar nicht eindeutig durchrechnen, aber doch beobachten. Was man zu sehr festhält, zerrinnt.

In Israel gibt es zwei große Gewässer: den lebendigen und fischreichen See Genezareth und das Tote Meer. Warum ist das Tote Meer tatsächlich tot, obwohl beide von dem gleichen Wasser gespeist werden? Da es keinen Abfluss hat, gibt es kein Wasser ab. Deswegen verliert es immer mehr, weil das Wasser verdunstet. Langfristig ist zum Schluss vor lauter Zurückhalten gar nichts mehr da.

13. Versöhnungsschritt: 13

Mit Leichtigkeit sammeln

- Gehen Sie dem Gedanken nach: Genießen können wir nur das tägliche Brot.
- Kommen Sie sich auf die Schliche, wenn Sie ein Hamsterverhalten an den Tag legen und darüber Genuss, Dankbarkeit und Zufriedenheit vernachlässigen.
- Listen Sie einmal auf, woran Sie sich in den letzten 24 Stunden zumindest ein wenig erfreuen konnten. Wenn Ihnen nichts einfällt, treten Sie vor die Tür und öffnen Sie sich für unterschiedliche Sinneseindrücke. Können Sie sich vorstellen, dass Ihnen dabei Gottes Lächeln begegnet? Oder sein grenzenloser Ideenreichtum, seine Fantasie und sein Humor?

Versöhnung in meinen Ängsten,

▶ **...versorgt zu sein**

...zu versagen

...die Orientierung zu verlieren

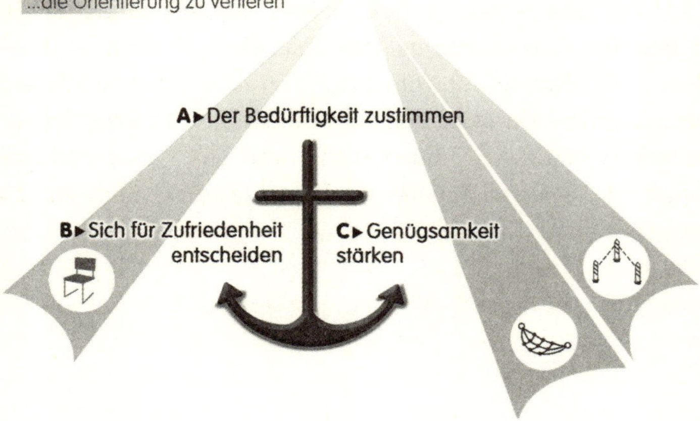

Lieber Gott, Donald hat den Krug zerschmissen. Ich war es nicht.
Jetzt hast du es schriftlich.
Ein Kindergebet

5. ... wer sich seiner Errettung sicher ist

Als ich 13 war, spielte ich an manchem Nachmittag mit Freunden Fußball. Ich muss darin damals grottenschlecht gewesen sein. Eigentlich interessierte es mich nicht so sehr, ob unsere Mannschaft gewann. Nur eines war wichtig: dass ich für eine Niederlage nicht verantwortlich war oder gemacht wurde.

Ständig hängen wir an der Frage nach dem Schuldigen und entwickeln in unserem Denken ausgeklügelte Selbstentlastungsversuche: Dass mir das nicht gelungen ist, liegt an der miserablen Vorarbeit, der fehlenden Unterstützung, dem schlechten Werkzeug oder am Wetter. Und überhaupt ist das heute nicht mein Tag. Wir können oft nicht anders, als uns in ein besseres Licht zu rücken. Die mächtige Angst, als Versager dazustehen, treibt uns unerbittlich dazu.

A Das Kreuz auf sich beziehen

Ein Mensch wird durch die Einsicht Christ, dass Jesus für ihn ganz persönlich gestorben ist. Ich bin so atheistisch aufgewachsen, dass ich mit 16 Jahren erstmalig mit einer Bibel in Berührung kam. Ich hatte beim Stöbern auf unserem immer schlecht beleuchteten Dachboden in einer Mauerritze eine spontane Ausgrabung unternommen und hielt plötzlich eine uralte Bibel in den Händen. Jahrgang 1891. Total verstaubt und mit einer Messerspitze durchstochen. Als ich mich an die alte Schrift und Sprache gewöhnt hatte, fand ich manches originell, z. B., wie Jesus die Pharisäer foppt. Doch eines blieb mir wie ein skurriles Drehbuch völlig verschlossen: Da hängt jemand am Kreuz. Zugegeben, er verhält sich so ganz unangepasst an die Gepflogenheiten dieser Welt. Doch dass sich auf diesen Vorfall unser kreuzverziertes Abendland gründen soll, wollte mir nicht in den Kopf. Eigentlich verstand ich gar nichts.

Die Bedeutung dieses Geschehens entdeckte ich erst zwei Jahre später. Und zwar exakt in der Sekunde, als ich mich für den ungeheuerlichsten aller Gedanken öffnete: Ich müsste da am Kreuz hängen. Aus der Bibel als mehr oder weniger interessantem Geschichtsbuch wurde etwas sehr Persönliches – gewissermaßen ein Tagebuch. Dann las ich die Bibel so, dass ich an die Stelle eines eher distanzierten »wir«, »uns« oder »man« das Wort »ich« einsetzte.

Ich hatte nichts Besonderes ausgefressen. »Bloß« die übliche Gleichgültigkeit, die Neigung, Menschen zu gebrauchen, die gängige Heuchelei. Aber es gingen mir in der ersten Liebe zu Jesus die Augen auf, dass ich mein Leben in keiner Weise ewigkeitstauglich machen kann und Gottes Vergebung so wichtig wie Atemluft ist – für diese und erst recht die zukünftige Welt.

Nur manchmal sind wir uns sicher, den Kreuzestod Jesu unbedingt zu brauchen. Unterwegs kann diese Überzeugung auf ein wenig herzbewegendes Niveau abrutschen. Dann hält man sich das so vom Leib: Also gut, es sind alle Menschen Sünder – also auch ich. Wenn Jesus für alle Menschen gestorben ist, verfalle ich mal lieber nicht in den Hochmut, mich da auszuschließen.

Hier ist keine Gedankenakrobatik, sondern Vertrauen gefragt. Wann sind wir z. B. bereit, einem Menschen Einblick in unsere düstersten Kapitel zu gewähren? Doch nur dann, wenn wir uns sicher sind, statt eines verächtlichen Blickes bedingungslose Annahme zu bekommen. Keinen Moment vorher werden wir das wagen. Wir werden uns Gott gegenüber nur unserer Schuld stellen, wenn wir sicher sind, dabei nicht ins Bodenlose zu fallen.

Mose hatte keinerlei Zweifel, mit jedem Schritt ganz persönlich auf die Ewigkeit zuzugehen. Einmal bot Mose Gott sein ewiges Leben an – um Gott zu besänftigen, der über sein Volk sehr erbost war. Solch ein Angebot zeigt, dass Mose in der Heilsgewissheit lebte. Schließlich kann man nur geben, was man hat. Seine Heilsgewissheit hatte nichts damit zu tun, dass er ein großer Gottesmann war. Groß rauszukommen, damit Gott nicht an uns vorbeikommt – was für ein lächerliches Unterfangen. Solch ein Bild von Gott wird uns in immer tiefere Zweifel treiben. Mose ist sich seines Heils sicher, weil er mittlerweile Gott intensiv erlebt hat. Vor allem in seiner Barmherzigkeit. Und dann kann man natürlich mehr wagen, als wenn man in Zweifel (die stets vor allem Selbstzweifel sind) verstrickt ist.

Unsere Zweifel an der bedingungslosen Liebe Gottes sitzen tief. Sie sind für viele Christen gar nicht gegen Gott gerichtet, dem wir besonders wenig zutrauen, sondern eher grundsätzlicher Natur. Wir haben Bedenken, ob es überhaupt irgendjemandem möglich ist, bedingungslos zu lieben. Denn das haben wir schon immer schmerzlich vermisst. Wenn uns z. B. als Kind gesagt wurde: »Du bist aber lieb«, fiel dieser Satz womöglich in Verbindung mit einem anderen: »Du bist aber brav.« Damit würde bestätigt, was wir schon immer befürchtet haben: Wir sind nur dann liebenswert, wenn wir etwas leisten und den Erwartungen der Erwachsenen entsprechen. Von den Erwachsenen war das natürlich nicht so gemeint – aber das hielt uns nicht davon ab, es genau so zu verstehen. Seitdem sind wir von dem gegenteiligen Gedanken nur schwer zu überzeugen: Ich liebe dich, ganz gleich, wie du dich verhältst und was du sonst vorzuweisen hast. Eben weil wir das in unserer Erfahrung nur bruchstückhaft antreffen. Solange wir uns einen Vorsprung gegenüber anderen herausarbeiten wollen, stehen wir uns selbst im Wege, um die Geborgenheit in der Familie Gottes zu erreichen. Trotz aller harter Arbeit – dass Gott mich gebrauchen und vor allem in sein Reich mitnehmen kann, ist lediglich seiner Allmacht zuzuschreiben.

Wir sträuben uns noch. Es liegt uns noch der Gedanke quer, dass »einfach« so annehmen zu können, dass Jesus für uns gestorben ist und nichts tun zu müssen. Aber was – bitte schön – wollen wir denn Sinnvolles tun?

Doch jede Erfahrung zählt. Auch die vielen guten, die wir mit Gott machen. Wenn wir uns aufgefangen wissen, können wir eher wagen, uns unserer Schuld zu stellen. Nicht früher und nicht später. Wie wir darin wachsen, lässt sich nicht unmittelbar messen. Aber manchmal bemerken wir die Auswirkung.

Früher war ich viel mehr darauf bedacht, insgesamt besser als andere dazustehen. Für die eigenen Verfehlungen hatte ich viele Entschuldigungen, die mir für das Versagen der anderen vorsichtshalber gar nicht einfielen (vgl. Matthäus 7,3). Inzwischen lasse ich folgende Sicht mehr zu: Ich mag zwar von weitem ein recht verträglicher Mensch sein. Aber mit mir eng zusammenzuleben und meine Macken mit- oder gar abzubekommen, ist bestimmt nicht so ganz ohne. Es kann ja sein, dass das für andere auch zutrifft. Aber das kann ich nicht genau sagen. Nur was meine eigene Unzulänglichkeit betrifft, ist kein Zweifel mehr möglich.

So komme ich mehr in den weit geöffneten Armen des vergebungsbereiten Vaters an. Und das Richten – einer der Hauptfeinde jeder Versöhnung – bestimmt mich weniger.

14. Versöhnungsschritt: 14

Heimliche Selbstbehauptungsversuche aufdecken

Welche dieser Gedanken kennen Sie von sich?

- Ich halte es für maßlos übertrieben, dass es für meine Schuld nötig war, Jesus (so) hinzurichten.

- Ganz krasses Versagen darf und wird mir nie passieren.
- Ich fühle mich nicht so schuldig wie manch andere.
- Gott liebt mich mehr, wenn ich seinen Willen tue.
- Die Vergebung kann ich doch nicht einfach so – ganz ohne Gegenleistung – annehmen.

● Lassen Sie den Einspruch von Gottes Wort her gelten?

B Die Nähe zu Gott einschätzen

Während der Wüstenwanderung wird auf Anweisung Gottes im Zentrum der Zeltstadt Israels die Stiftshütte aufgerichtet. Dieser Ort der besonderen Gegenwart Gottes macht klar, womit Gott vor allem beschäftigt ist: Er zerreißt Schuldscheine. Nur am Herzen Gottes lässt sich Schuld tatsächlich abladen. Unser Hin- und Herschieben ist nichts als ein verhängnisvolles Zwischenlagern. So werden wir die Schuld nicht los und vergiften auch noch unsere Beziehungen.

Die Stiftshütte mit ihren drei Abteilungen veranschaulicht, inwieweit wir uns in die Barmherzigkeit Gottes fallen lassen.

Dass Gott uns annimmt...

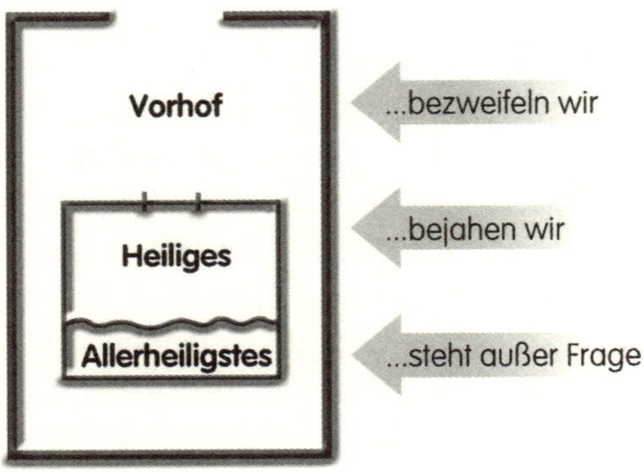

Der Vorhof ist ein Kampffeld der Selbstbehauptung. Dort wird mit ganzem Einsatz gehandelt und gefeilscht. Dahinter steht letztlich nur das eine: der Wunsch nach Anerkennung. Es geht um bessere oder schlechtere Platzierungen und Positionen. Manchmal muss Jesus solche Verhandlungstische umstoßen, damit wir darüber überhaupt hinauskommen.

Im Heiligen ist man sich sicher. Über den Vorhof hinaus kommen wir, wenn wir damit aufhören, uns und den anderen etwas beweisen zu müssen. Wer das Heilige betritt, hat eine klare Identität. Im Alten Bund war es nur den Dienst habenden Priestern gestattet. Nach dem Neuen Testament gehören nun alle zum königlichen Priestertum (1. Petrus 2,9), die Jesus Christus die Herrschaft über ihr Leben eingeräumt haben.

Im Heiligen ist oben und unten klar zugeordnet. Gott ist oben, und wir alle sind gleichermaßen unter ihm seine geehrten Kinder. Dort gibt es keine Rangfolge. Jeder weiß, was er zu tun hat. Da man sich ohnehin »nur« als Werkzeug Gottes versteht, reicht aus, was man vorweisen kann.

Hat uns im Alltag der »Weihrauch« des Heiligen erfasst, gehen wir unseren Aufgaben gelassener nach. Wir müssen nicht ununterbrochen Leute fragen, wie sie das finden und ob das auch wirklich richtig ist. Wir sind uns recht sicher, dass genügt, was wir vorzuweisen haben. Doch wir kommen von der Frage nach Erfolg und Angenommensein nicht so ganz los.

Letztes Angekommensein finden wir erst im Allerheiligsten. In der unmittelbaren Gegenwart Gottes können wir all die zermürbenden Identitätsfragen völlig vergessen. Hier füllt uns das Staunen über die Größe Gottes so aus, dass für die Zweifel an unserem Wert und der bedingungslosen Liebe Gottes kein Platz mehr ist. Im Alten Bund durfte nur der Hohepriester einmal im Jahr dort hinein. Der Christ des Neuen Testaments hat durch Jesus Christus einen Anker (modern ausgedrückt: einen heißen Draht), der bis hinter den Vorhang ins Allerheiligste reicht (Hebräer 6,19), wo Jesus uns dient. Wir haben also immer Zugang. Leider halten uns meist unsere Ängste zu sehr in Schach, um im Allerheiligsten auch wirklich anzukommen.

Nicht nur besondere geistliche Erlebnisse können dem Gang ins Allerheiligste entsprechen. Ich kenne Zeiten, wo die große Liebe mich ganz erfasst. Dann frage ich nicht mehr, ob oder warum meine Frau mich liebt. Ich weiß es einfach. Manchmal bin ich so in irgendeiner Tätigkeit versunken, dass ich nicht mehr daran denken muss, wie viel Anerkennung meine Bemühungen finden. Ich fühle mich ganz aufgehoben. Auch wenn Christen sich begegnen, kann man zuweilen etwas von der Atmosphäre »hinter dem Vorhang« verspüren. Dann käme es einem völlig absurd vor, Menschen in eine Rangordnung einzuteilen.

Dass uns Heilsgewissheit angeboten wird, ist der große Vorsprung des Christentums gegenüber den anderen bekannten Weltreligionen. Die Gretchenfrage ist, ob wir den auch nutzen.

15. Versöhnungsschritt: 15

Standortbestimmung

Gehen Sie mal bestimmte Situationen der letzten Woche durch: Wenn Sie an Ihre Haltung denken – welcher der drei Abteilungen des Heiligtums wäre sie zuzuordnen. Seien Sie in Ihren Überlegungen ganz locker und spielerisch – ohne sich dabei zu zensieren. Denken Sie nicht schlecht über sich, weil Sie viel im Vorhof agieren. Nehmen Sie es vielmehr als Ermutigung, mehr von der größeren Freiheit zu wagen.

C Sich an das Erlöstsein erinnern

Wer denkt schon gerne über seine Schuld nach? Doch wir übersehen, wie sehr wir gerade dadurch bei Gott landen können. Sich die Tragweite (und Tragfähigkeit) des Kreuzestodes immer wieder lebendig vor Augen zu stellen – das ist für einen Christen quasi der Stabilisator an sich. Dafür seien vier Anregungen vorgestellt:

* *Den ungeheuren Plätzetausch vor Augen:* Ich stelle mir vor, im Weltgericht vor den Thron Gottes zu treten. Gott sagt zu mir: Dietmar, dein Handeln war immer von Liebe bestimmt. Du bist immer unerschrocken für die Wahrheit eingetreten. Du hast gesehen, was der Einzelne braucht, und nicht gezögert, das Nötige anzupacken. Deine Liebe war ohne Falsch ... Komm in mein Reich, du Reiner und Gesegneter.

Und dann bekomme ich zu hören, was der Herr an Jesus sieht: Wenn du unter Druck kamst, hast du die Wahrheit frisiert, damit du einfach besser dastehst. Allzu oft haben Angst und Wut die bedingungslose Liebe erstickt. Mit deiner Geduld warst du auch schnell am Ende. Immer wieder hast du vergessen, dass alle Gaben von mir kommen und dich in deinen eigenen Möglichkeiten gesonnt ...

Daraufhin will ich Einspruch erheben: Nein, das ist ein ganz klarer Fall von Verwechslung. Was du, Herr, an Jesus siehst, das ist meins. Und so, wie du mich siehst, ist nur Jesus.

Durchaus nicht, sagt Gott. Denn von Anfang an ist es sein Plan gewesen: »Er hat den, der von keiner Sünde wusste, für uns zur Sünde gemacht, damit wir in ihm die Gerechtigkeit würden, die vor Gott gilt« (2. Korinther 5,21).

Diese Realität können wir immer wieder durchgehen – gerade weil unsere Gefühlswelt viel öfter zu sinnlosen Selbstvorwürfen neigt.

* *Ein Dankgebet zwischendurch:* Ist es nicht komisch? Wir danken Gott für das Essen und wer weiß was nicht alles. Aber was es uns für uns bedeutet, dass Gott uns vergibt – davon haben wir im

Allgemeinen kaum einen Schimmer. Können wir uns vorstellen, was es für uns bedeuten würde, wenn es keine Vergebung gäbe? Das Leben wäre unerträglich. Wenn in all unseren Beziehungen auch immer all unser Versagen ständig präsent wäre – wir würden voreinander wegrennen, so schnell unsere Beine uns tragen.

Das treffendste Bild für ein Leben ohne Vergebung wäre meiner Ansicht nach ein Eisenring, der um unseren Hals geschmiedet ist und an dem eine Kette hängt. Mit jeder Schuld kommt ein Kettenglied hinzu. Eine Lüge – ein neues Kettenglied. So getan, als gäbe es Gott nicht – ein neues Kettenglied. So wird sie jeden Tag länger und macht uns immer bewegungsunfähiger. Und nun stelle ich mir vor, wie der Ring um meinen Hals geknackt wird. Und dann erinnere ich mich, dass das Realität ist, atme einmal kräftig durch und sage Gott immer wieder: Danke für Golgatha.

Das ist eine geistliche Übung, die man mehrmals im Laufe eines Tages wiederholen kann.

Versöhnung in meinen Ängsten,

...versorgt zu sein

► **...zu versagen**

...die Orientierung zu verlieren

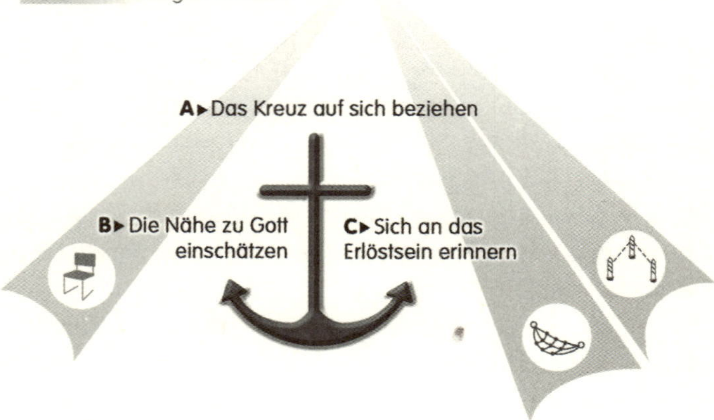

* *Dem ist nichts hinzuzufügen:* So oft kommen wir uns unzulänglich vor. So hilflos gegen die Macht der Sünde im eigenen Leben und dem der anderen. Der Widerspruch Gottes ist eindeutig. Jesus sagt am Kreuz: »Es ist vollbracht.« Diese drei Worte sage ich mir häufiger. Vorzugsweise, wenn mir meine eigene Unzulänglichkeit so übergroß vor Augen steht. Und wenn ich dazu neige, mich unerbittlich zum Bessersein anzutreiben, sage ich mir immer wieder: Es reicht.

* *Den Nagel auf den Kopf getroffen:* In Griffweite meines Arbeitsplatzes liegt ein Nagel von etwa 18 cm Länge. So einen bräuchte man in etwa für eine Kreuzigung. Ich schaue auf meine unbeschadeten Hände, die zum Handeln freigesetzt sind. So erinnere ich mich: Das unglaublichste Geschenk ist Gottes Sieg über unsere Schuld. Es hat Gott unendlich viel mehr gekostet als der Fingerwink, mit dem er uns versorgt. Es war kein billiges »Schwamm drüber«. Und es reicht unendlich weit über das Hier und Heute hinaus. Deswegen brauchen wir unser Versagen nicht zu verstecken.

16. Versöhnungsschritt: 16

Wegweiser nach Golgatha

Denken Sie nicht nur über die Bedeutung des Kreuzes nach, wenn Sie ganz offensichtlich versagt haben. Sonst müssten Sie ja erst Schiffbruch erleiden und deprimiert sein, bevor Sie sich an Gottes größten Liebeserweis erinnern. Wie können Sie sich kreativ und abwechslungsreich erinnern? Ist unter den gegebenen Anregungen etwas nach Ihrem Geschmack oder haben Sie andere Ideen?

Die Zukunft soll man nicht voraussehen wollen,
sondern möglich machen.
Antoine de Saint-Exupéry

6. ... wer sich führen lässt

Zur Vorbereitung der bemannten Raumfahrt unternahmen Wissenschaftler Experimente. Personen ließen sich in eine Kapsel setzen, in der es kein Oben und Unten gab. Dann wurde auch noch die simulierte Aussicht an den Gucklöchern völlig durcheinander gebracht. Die totale Orientierungslosigkeit über die eigene Position erwies sich für die Versuchspersonen als so beklemmend, dass es kaum auszuhalten war.

Orientierung und Halt zu verlieren gehört wahrscheinlich zu den elementarsten Verlustängsten. Die Suche danach begleitet uns in jedem bewussten Moment unseres Lebens. Doch wo finden wir feste Punkte, um unseren Weg zu finden? Nicht die vorgespurte Loipe eines Skilangläufers liegt vor uns, sondern eher eine Tiefschneefahrt im unwegsamen Gelände mit entsprechender Lawinengefahr. Das ist die Freiheit, die wir unbedingt wollten und unter der wir gleichzeitig stöhnen. Denn wir können uns nicht nur entscheiden, sondern müssen es, obwohl wir es nicht können.

Schon im ganz Kleinen ist es schwierig zu wissen, was man will. Zwischen zwei Terminen ging ich zum Friseur. Kaum die Tür durchschritten, wurde ich rührend mit einer Vielzahl Fragen konfrontiert, auf die ich schlichtweg nicht vorbereitet war: Möchten Sie vorne am großen Fenster oder lieber hinten sitzen? Möchten Sie ein wenig lesen? Wenn ja, was? Etwas trinken? Dies oder jenes? Musik hören? Ich entschied mich einfach für irgendetwas, um meine Unentschiedenheit zu überspielen. Denn schon die Frage, wie ich die Haare geschnitten haben möchte, erforderte momentan Geistesleistung genug. Was will ich, und was tut mir gut? Auch wenn unser Kopf schon glüht – wir werden uns nie ein für alle Mal sicher sein.

Und niemand scheint uns wirklich helfen zu können, das Dunkel zu lichten. Dass irgendjemand es auch so macht, kann uns eher zu einer kleinen oder größeren Dummheit verleiten, anstatt uns abzusichern. Wie unsinnig solche Orientierungspunkte sein können, hat einmal eines unserer Kinder im Vorschulalter karikiert, als es anfing, Regenwasser aus Pfützen zu trinken. Daraufhin setzten wir es auf die Verbotsliste. Der Protest kam sofort: Warum darf ich das nicht? Wenn unser Hund das macht, sagt ihr nichts dazu ...

A Bereitschaft zur Nachfolge anschauen

Die Führung abzugeben, ist uns nicht geheuer. Und das nicht nur, weil wir dabei das Verführtwerden riskieren. Wir bangen ganz allgemein um unsere Freiheit.

In meiner Arbeit begegne ich (sehr selten) Menschen, die mir nicht nur sagen, was ihr Anliegen ist, sondern auch gleich, welches Ergebnis herauskommen soll und welche Schritte ich dafür zu unternehmen habe. Die Angst ist zu groß, um das offen lassen zu können. Deswegen ist es ihnen jetzt noch nicht möglich, sich auf einen tatsächlich neuen Schritt einzulassen. Man beschränkt sich auf das, was man auch ohne Hilfe selbst in der Hand hat. Allerdings führt eine solche Haltung auch nicht über den Tellerrand der vorliegenden Einschränkungen hinaus.

So ungewöhnlich ist solch ein übervorsichtiges Vorgehen wiederum auch nicht. Irgendwo drückt mir der Schuh. Aber eigentlich will ich ihn (noch) gar nicht ausziehen. Hilfe will ich schon, aber die Kontrolle über alles auch.

Das Ausmaß unserer Absicherungsversuche ist riesig. Als das Volk Israel durch Mose das Grundgesetz Gottes in den Händen hielt und versuchte, es auch zu halten, zeigten sich viele innere

Turbulenzen. Das zusammenfassende erste Gebot deckt auf, wie unsicher wir sind, ob Gott auch der Herr über alles sein soll. Denn wir haben auch noch andere Ideen, was wir anbeten könnten. Wie schmalspurig ein Mensch religiös auch drauf ist – angebetet wird immer. Ohne uns nach etwas Höherem auszustrecken, kommen wir uns viel zu verloren vor. Zu sehr im Stich und alleine gelassen. Doch wozu wir aufschauen, ist nicht einerlei. Denn niemals werden wir an das Angebetete heranreichen und schon gar nicht darüber hinauskommen. Ist es etwas Totes oder allzu Unvollkommenes, werden wir nicht weit kommen. Darum steht am Anfang aller Gebote, Gott allein anzubeten.

Die Israeliten waren noch immer von einer Kultur geprägt, in der für jede Lebenslage eine spezielle Gottheit aufgerichtet wurde. Weil die Bedrohungen so vielfältig sind, hält doppelt und vielfach besser. Ein Götterteam muss ran – um einen einzelnen, allein stehenden Gott nicht zu überfordern, auf meine Wünsche auch zuverlässig und termingerecht einzugehen. Um diese Göttermannschaft vor der eigenen Vergesslichkeit zu schützen und keinen zu übersehen, gab es in Ägypten immer etwas zu meißeln. Was die Israeliten als Beute von den Ägyptern an Klimbim im Gepäck hatten, triefte geradezu von den entsprechenden Götzen. Genug Masse für ein imposantes göttliches Dienstleistungscenter. Als Mose unterwegs war und ein Führungsvakuum entstand, entschloss sich das Volk, all das Zusammengeraffte zu einem goldenen Kalb zusammenzulegen. Das soll einen dann führen. Das Praktische daran ist ja, dass man es leicht in die gewünschte Richtung schieben kann. Es ist schon seltsam, wie schnell sich ein sonst eher zerstrittenes Volk auf so etwas einigen kann. Mose zerbröselte das Zusammengeschmiedete – völlig ungeachtet seines kulturhistorischen Wertes. Alles, was zurück nach Ägypten wies, erstickte jegliche Zukunftshoffnungen.

17. Versöhnungsschritt: 17

Blockaden erkennen

Überlegen Sie, ob Sie etwas davon abhält, Gott immer wieder zu sagen: Du kannst mich führen, wohin immer du möchtest!

- Ängste. Kenne ich die Befürchtung, dass Gott einen zu beschwerlichen Weg für mich ausgesucht hat?
- Trotz. Steht mir so sehr die eigene Wegskizze vor Augen, dass ich für Gottes Führung kaum eine Antenne habe?
- Stolz. Beschäftigt mich die Befürchtung, furchtbar dumm dazustehen, wenn ich mich ständig korrigieren lasse?
- Enttäuschungen. Fühle ich mich immer wieder im Regen stehen gelassen angesichts meiner Ratlosigkeit?

B Gerade das kleine Licht schätzen

Was Orientierung betrifft, akzeptieren wir nichts Lückenhaftes. Das Volk Israel wusste, wo es hin wollte: ins Verheißene Land. Doch was ist daran beruhigend, wenn man den Weg nicht kennt? Darum leitete Gott sie durch eine Wolkensäule. Sogar für Nachtwanderungen leuchtete die Feuersäule den Weg aus. Wenn das kein perfektes Navigationssystem war!

Doch der absicherungsgesteuerte Mensch wünscht sich immer noch etwas mehr an Weitblick. Es würde ihm besser passen, eine großräumige Wanderkarte vor sich zu haben, die auch Klarheit über die Schritte der nächsten Jahre verschafft.

Ich mag es auch, strategisch vorausschauend zu denken. Beim Schachspielen überlege ich gerne etwa drei Züge voraus. Wie komme ich aber damit klar, dass im Leben nichts so kariert und überschaubar wie ein Schachbrett ist?

Das kleine Licht bietet oft die sicherste Orientierung. Es war während meiner Pastorenausbildung. Meine Dozenten machten mir verständlicherweise wenig bis gar keine Hoffnung, diesen Beruf jemals ausüben zu können. Denn mein Stottern war ein Gebrechen, das gerade diese Tätigkeit, in dessen Mittelpunkt das gesprochene Wort steht, unmöglich zu machen schien.

Also hatte ich gegen Ende des zweiten Jahres eine Krise, die aus der lähmend offenen Frage erwuchs: Hat es Sinn, mit dieser Zielrichtung weiter zu studieren? Sollte ich mir nicht ernsthaft überlegen, wie ich hier einen einigermaßen geschickten Abgang finde?

Vom Kofferpacken hielt mich das hartnäckige Gefühl ab, dass ich dennoch hier weitermachen soll. Nach allem Zetern und Zaudern entschloss ich mich: Ich gehe erst von hier weg, wenn es keine Flucht mehr wäre. Nicht verbittert und frustriert, sondern versöhnt.

Damals hat mir ein Seelsorger das Wort nahe gebracht: »Dein Wort ist meines Fußes Leuchte und ein Licht auf meinem Weg« (Psalm 119,105).

Hier wird mir »nur« das kleine Taglicht versprochen, das gerade genug Licht für den nächsten Schritt verschafft. Ganz im Gegensatz zu dem Scheinwerfer, der den Horizont ableuchtet. Doch bei Lichte betrachtet fragt man sich, was wichtiger ist, um den Weg zu finden: Klarheit über den nächsten Schritt (um nicht in die nächste Pfütze zu treten) oder die Fixierung auf den Horizont?

Ich blieb, wo ich war. Der Sprachfehler auch. Nachdem ich einmal für mich beten ließ, trat eine sofortige und totale Heilung ein. Allerdings nur mit einer Haltbarkeit von einigen Wochen. Aber was soll's. Das größte Wunder ereignet sich ständig und zuverlässig: Ich übe dennoch seit über 20 Jahren Tätigkeiten aus, in denen ich viel öffentlich zu sprechen habe. Und auf eine seltsame Art und Weise ist es niemals ein Problem, weil mein Stottern dann gerade nicht auftritt oder so geringfügig ist, dass es niemandem auffällt.

Was hätte es für Auswirkungen, wenn wir uns noch detaillierter Ereignisse der nächsten Jahre ausmalen könnten? Wir wären – welch grausige Vorstellung – in unseren Gedanken noch weniger in der Gegenwart. Und würden wohl vor mancher wichtigen Herausforderung noch mehr zurückschrecken. Dass die Zukunft im Dunklen bleibt, lässt uns klarer sehen. So wie uns ein sehr heller Lichtstrahl eher blendet als Klarsicht verschafft. Was wir sehen, erscheint uns (zu) wenig – ist es aber nicht.

Offensichtlich liegt es nicht im Trend unserer Zeit, jeden Tag für sich selbst zu nehmen. Eine Familie unseres Bekanntenkreises mit 10 (in Worten: zehn) Kindern baute an ihrem Haus etwas an. Der Architekt stöhnte: »Drei Toiletten – das wird ja eine Jugendherberge. Und was machen Sie in zwanzig Jahren damit?« Ein Spaßvogel, meinten sie, angesichts der Aufgabe, den heutigen Tag zu überstehen. In zwanzig Jahren? – Nun ja, dann kann eine öffentliche Bedürfnisanstalt daraus werden, oder wir benutzen jeden Wochentag ein anderes Klo.

18. Versöhnungsschritt: 18

Licht für den nächsten Schritt

Denken Sie einmal darüber nach, welche dieser vertrauensstärkenden Erfahrungen Sie kennen:

- Ich hatte wenig Durchblick, wie es überhaupt weitergeht. Aber für den nächsten Schritt hat die Klarheit stets gereicht.
- Ich habe erst einmal nicht zu einer guten Lösung gefunden. Doch selbst die Umwege haben sich als sinnvoll herausgestellt.

- Ich habe die Hilfe Gottes verspürt, als ich abzuschätzen hatte, welche Schritte für mich von Nutzen sind und mit welchen ich mich verlaufe.

C Den Hautkontakt zu Gott suchen

Drei Schritte des Mose markieren Stationen, um sich Gott zu nähern:

* Seine Sehnsucht trieb ihn dazu, die Schafe über die Steppe hinaus zum Berg Gottes zu treiben (2. Mose 3,1). Dass Mose diesen einen (noch gar nicht allzu großen) Schritt einmal tat – auch darauf hatte Gott gewartet.

* Nun konnte Gott dem Mose ein Zeichen setzen: Ein simpler Dornbusch brannte. Bei dieser Hitze etwas ganz Alltägliches. Doch etwas Abweichendes fiel dem geduldigen Beobachter Mose ins Auge: Der Strauch verbrannte nicht. Mose sagte sich: Das will ich mir genauer anschauen (Vers 3). So sah er, was Gott ihm jetzt zu sagen hatte: Dass Gott sich in seinem Feuer für seine Kinder nicht verzehrt. Und dass sein altes Thema brandaktuell ist. Alles in allem, dass Gott uns an seine unerschöpfliche Energie andocken will. Der zweite Schritt für etwas Neues ist also, auf etwas Auffälliges zu achten, das eine Botschaft von Gott sein kann.

* In einem dritten Schritt antwortete Mose, als er namentlich von Gott angesprochen wurde: »Hier bin ich« (Vers 4). Das kostet Mut, weil wir nicht wissen, was danach kommt. Allerdings: Der Morgen, an dem wir diesen Satz der uneingeschränkten Bereitschaft mit voller Überzeugung sagen können, verspricht, einen besonders wertvollen Tag einzuleiten.

Solch einen Blankoscheck für Gottes Führung stellen wir nicht leichthin aus. Wir wollen gerne genau wissen, was uns der Einsatz kostet. Das auch noch Gott zu überlassen, würde sich allerdings für unsere Geborgenheit allemal auszahlen.

Wegweiser stehen überall – müssen aber erkannt werden. Wodurch wir Orientierung bekommen, ist nicht in ein paar Schablonen einzufangen. Auch hier ergibt sich das sinnvolle Tun aus der ausgewogenen inneren Haltung. Führung ist meist etwas ganz Nüchternes und Entspanntes. »Betet ohne Unterlass« (1. Thessalonicher 5,17) heißt nicht, all die alltäglichen Entscheidungen zu einem Problem und Gebetsanliegen machen zu müssen. Es ist eine grundsätzliche Offenheit gegenüber dem Dazwischenreden Gottes gemeint. Dabei sollten wir uns nicht festlegen, wodurch wir einen wichtigen Hinweis bekommen können und welches Spektakel nötig sei, um uns weiterzuhelfen.

Um sich von Gott geführt zu wissen, ist es natürlich sinnvoll, überhaupt mit ihm in Kontakt zu treten. So wie für einen intensiven zwischenmenschlichen Kontakt Höflichkeitsformeln nicht ausreichen, ist es für die Beziehung zu Gott belebend, aus der Routine herauszutreten.

So führe ich mir gerne eine Aussage vor Augen, die ich zwar für richtig erachte, die aber von meinen Gefühlen immer wieder in Frage gestellt wird. Nehmen wir einmal: »Gott will, dass es mir gut geht.« Daraufhin halte ich nach Beweisstücken für diese Aussage Ausschau. Da Gott uns nicht nur eine Welt in sehr gehobener Ausstattung präsentiert, sondern auch sonst bis zum Alleräußersten geht, um uns heil und glücklich zu sehen, muss ich nicht lange suchen.

Oder ich konzentriere mich auf eine Eigenschaft Gottes, z. B. seine Geduld. Ich überlege, was davon auf dieser Erde zu finden ist und was nicht. Im Gedankenstrom darf alles vorkommen. So kann mir Gottes Geduld auch völlig abgehoben erscheinen. Ich meine dann, sie ginge an der Realität dieser Welt vorbei. Zum Beispiel an meiner Ungeduld. Aber Gott lässt mit sich diskutieren. (So wie er es mit Mose getan hat.) Er freut sich, wenn wir ihm alle unsere Gedanken und Gefühle vorlegen. Und dann irgendwann einmal still genug sind, um zu hören, was er uns schon längst sagen wollte.

19. Versöhnungsschritt: 19

Wegmarkierungen schaffen

Vielleicht fragen Sie sich manchmal, was Ihre Anstrengungen denn überhaupt für einen Sinn haben. Können Sie dann auf ein Bibelwort oder eine andere ermutigende, wegweisende Aussage zurückgreifen, die über Ihrem momentanen Lebensabschnitt steht? Steht solch ein Wort an einem alltäglichen Platz, so dass Sie leicht darauf schauen können? Haben Sie solch ein Leitwort nicht, können Sie Gott darum bitten. Sie werden dann bald (in einer eher überraschenden Art und Weise) fündig.

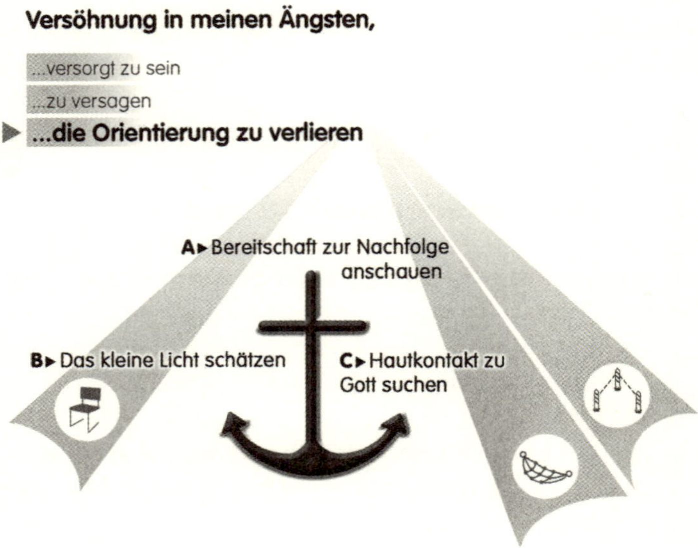

Außerdem

In seinem Abschiedsbrief vor seiner Hinrichtung in einem nationalsozialistischen Zuchthaus schrieb Helmuth James Graf von Moltke: »Uns ist es nicht gegeben, ihn von Angesicht zu Angesicht zu sehen, aber wir müssen sehr erschüttert sein, wenn wir plötzlich erkennen, dass er ein ganzes Leben hindurch am Tage als Wolke und bei Nacht als Feuersäule vor uns hergezogen ist und dass er uns erlaubt, das plötzlich in einem Augenblick zu sehen.«[6]

Was wir für konfuse Nebelschwaden halten, ist womöglich doch eine Wolkensäule. Und wenn wir die Augen noch weiter geöffnet bekommen, können wir sogar etwas von dem hervorleuchtenden Angesicht Gottes erkennen.

Ob wir unser Geführtsein sehen – das hängt ganz davon ab, in welchem Maß unsere Informationszentrale zwischen den Ohren besetzt ist. Viele der 60 000 Gedanken, die uns jeden Tag durch den Kopf gehen, sind durch unsere Sorgen belegt. Einige aber können darüber hinwegsehen. Die sind es wert, ständig wiederholt zu werden. Auch hundertmal wäre nicht zu viel. Denn mit unseren Befürchtungen kommen wir ja manchmal noch auf weitaus mehr Wiederholungen.

20. Versöhnungsschritt: 20

Leitsätze auf dem Prüfstand

Welchen dieser Gedanken-Irrwege kennen Sie allzu gut?

- Ich muss mich anstrengen, nicht übersehen zu werden.
- Ich will es noch jemandem beweisen, was in mir steckt. Die anderen sollen sich noch wundern, wie erfolgreich ich noch werde.

- Beschenkt werden macht abhängig. Es zählt nur, was man sich selbst verdient hat.
- Wenn ich viel leiste, bin ich wertvoller.

Es ergeben sich Sorgensätze wie »Es reicht nicht«, die dann im Selbstgespräch ständig wiedergekäut werden.

Legen Sie sich dagegen Vertrauenssätze zurecht, z. B.:

»Ich bin geborgen«

»Rundum versorgt«

»Auf Gott ist Verlass«

»Das Leben geht weiter«

»Abhängig und ganz aufgehoben«

Sagen Sie sich solche kurzen Worte zwischendurch immer wieder.

Die entscheidenden Dinge geschehen nicht in Schlagzeilen, sondern in der Stille, im Herzen der Menschen.

Friedrich Wetter

Geborgenheit erlebt, ...

Nach nichts sehnen wir uns mehr als nach guten Beziehungen. Manche halten vorübergehend Geld oder Ruhm für wichtiger. Doch wenn die großen Erfolge verraucht sind, wird deutlich, worum es uns in allem geht: beachtet werden, aufgehoben sein, Beziehungen stärken. So ist es nur für wenige Individualisten ein Lebenstraum, ganz radikal das Weite zu suchen – vielleicht in Alaska mit einigen Wegstunden Distanz zum nächsten Nachbarn.

Um miteinander verbunden zu sein, bedienen sich viele des Handys oder Internets. Man ist in Kontakt und vernetzt, also weniger alleine. Irgendwo gibt es jemanden, mit dem man eine (wenn auch sehr reduzierte) Sprache spricht. Doch Geborgenheit finden wir nur dort, wo uns jemand sehr viel bedeutet. Dabei machen wir uns unweigerlich verletzbar.

Die folgende Wegbeschreibung kann nicht auf alle Aspekte der zwischenmenschlichen Versöhnung eingehen. Ebenso ist die gewählte Herangehensweise nicht die einzig mögliche, sich diesem Thema zu nähern.

Ich verdanke mein Leben dem Opfer einer Frau.
Ernst Lange

7. ... wer die eigenen Eltern schätzen lernt

Unsere Reibungsflächen mit den Eltern haben eine lange Geschichte. Ganz zu Anfang erlebten vermutlich viele das Einssein mit der Mutter auf der seelischen Ebene als ein Stück Paradies. Hier hatten wir alles. Sie war das ganze Universum. Doch was für eine Enttäuschung folgte! Unsere Mutter wurde sich mit ihrem tiefstimmigen Gegenstück einig, diese ungetrübte Zweisamkeit zu stören. Nun wurde auch einmal Nein gesagt, wenn wir als ihr Kind etwas wollten. Oder die Eltern waren nicht immer gleich da, wenn wir sie brauchten. Sie verstanden uns nicht mehr, obwohl doch ganz zu Anfang keinerlei Worte nötig waren, um sich verständlich zu machen. Zunehmend waren sie gerade mit irgendetwas oder irgendjemand anderem beschäftigt. Dabei war uns auch die maßvolle Abgrenzung reichlich unbequem.

Später zwangen sie uns, erwachsen zu werden. Oder sie blockierten es – was sich als noch bedrohlicher herausstellte. Nun müssen wir ganz auf eigenen Füßen stehen und stolpern manchmal. Dass unsere Eltern das zumindest zugelassen haben, kreiden wir ihnen vielleicht unbewusst an. So wie Gott manchmal auch vorgeworfen wird, etwas zuzulassen. Wenn wir nun als Erwachsene keinen Ausweg mehr sehen, wäre es doch toll, noch einmal nach der Mama rufen zu können, die sich um alles kümmert.

Doch es gibt kein Zurück in die einstige Geborgenheit. So sind wir ziemlich enttäuscht. Und wenn wir in Niederlagen auf unsere Beschränkungen stoßen, fällt uns ziemlich schnell ein, woher wir die haben.

Keine andere Aufgabe lässt unsere menschliche Begrenztheit so deutlich werden wie die Elternschaft. Hier wird am sichtbarsten, wie schnell es unter Druck mit unserer Geduld zu Ende ist. Keine Aufgabe ist auch grundsätzlich so stark Kritik ausgesetzt. Wen wundert's also, dass die Eltern zur Zielscheibe unzufriedener Kinder werden und deswegen hier Versöhnung besonders nötig ist.

A Unsere Einschränkungen achten

Zu biblischen Zeiten stand die Bedeutung der Vorfahren völlig außer Frage. Geschlechtsregister standen hoch im Kurs. Der Vater war sofort ein Thema, wenn man nur nach dem eigenen Namen gefragt wurde. Heute werden wir anscheinend unsere Väter schnell los. Und dann wundern wir uns, warum uns irgendetwas fehlt. Unsere Eltern bleiben ein wichtiges Thema. Auch über ihren Tod hinaus.

Im Königspalast fehlte es Mose äußerlich an nichts. Und tief drinnen fehlte ihm vieles. Wir würden uns nie gestatten, es uns auf der Seite der Unterdrücker unserer Eltern gut gehen zu lassen. Der Name »Mose« hat auch die Bedeutung Sohn. Dies war er vor allem: Sohn seiner Eltern mit genau diesen Wurzeln.

Nach der Befreiung seines Volkes nahm Mose die Zehn Gebote ohne Verfallsdatum aus der Hand Gottes entgegen. Davon ist das erste Gebot der zweiten Tafel, auf der es um unser zwischenmenschliches Miteinander geht, durch eine besondere Zusage hervorgehoben (vgl. Epheser 6,2.3). Es sei, so wird hier erklärt, Garant für Zukunft und langes Leben, wenn wir Vater und Mutter ehren. Wo wir doch dachten, die Zukunft liege in den Kindern, nicht in den »Alten«.

Unsere Eltern können von uns nicht einklagen, dass wir sie ehren. »Es gibt ein Ja-Sagen, das nur Gott von uns verlangen kann.«[7]

Wir haben erhebliche Schwierigkeiten, unsere Eltern zu ehren. Eigentlich sind unsere Bestrebungen sehr zwiespältig. Aufgehoben und geborgen möchten wir schon sein. Aber zugleich ist es uns auch zuwider, abhängig, angenabelt, eingebunden zu sein. Das war im Freiheitsdrang der Pubertät besonders sichtbar. »Ich bin doch nicht dein Sklave« – so kann es manchem Jugendlichen durch den Kopf und auch aus dem Mund gehen, wenn ein Erziehungsberechtigter ihn auf den Mülleimer hinweist, der nach unten zu bringen ist. Wenn man freier wäre, könnte man den Abfall noch einige Tage überquellen lassen. Dann würde man auf eigenen Leidensdruck hin handeln und hätte die Illusion, freier zu sein. Aber so fühlt man sich irgendwie angebunden, und manchmal glaubt man sogar, die Ketten rasseln zu hören, wenn man sich in Unabhängigkeit ausprobiert.

Was man sich nicht selbst ausgesucht hat, muss man doch aus Prinzip erst einmal in Frage stellen. In den Teenagerjahren heißt Älterwerden, sich abzugrenzen und Unabhängigkeit zu proben. Zu meiner Zeit trugen wir angehenden Männer die Haare schulterlang, weil das damals die Elterngeneration befremdete – um nur eine der Ideen zu nennen, mit denen wir uns abgrenzen wollten. Vor dieser Kulisse erscheint es nicht gerade revolutionär, das Ehren der Eltern als oberstes aller zwischenmenschlichen Gebote unter die Nase gerieben zu bekommen.

Es ist für unsere Eltern auch schwer, auf uns zuzugehen. Natürlich hoffen wir, dass unsere Eltern uns die Versöhnung leicht machen. Allerdings erwarten wir schnell zu viel.

Wie viele Hoffnungen und Zukunftserwartungen legt ein Mensch in die eigenen Kinder! Es gibt einen natürlichen menschlichen Instinkt, sich schützend vor leidende Kinder zu stellen. Wer

Mutter oder Vater wird, verspürt diese Neigung noch stärker. Niemand will sich an seinen Kindern versündigen. Deshalb ist es eine existenzielle Enttäuschung, wenn es dennoch zu Versäumnissen und Vergehen kommt. Das macht die Scham (und die daraus resultierende Angst) riesengroß und erschwert es immens, gerade dorthin zu schauen. Gehen wir vorsichtshalber davon aus, dass unsere Eltern uns nicht entgegenkommen, wenn wir Frieden schließen wollen. Vielleicht werden wir ja überrascht, dass es ihnen doch möglich ist.

Wo lässt sich eine barmherzigere Haltung verankern? Wenn wir gegenüber unseren Eltern barmherziger sind, können wir es auch gegenüber uns selbst sein. Und umgekehrt: Verstehen wir unsere eigenen Einschränkungen besser, ist es auch unseren Eltern gegenüber eher möglich. Wir sollten dort anfangen, Barmherzigkeit zu üben, wo es uns leichter fällt.

Auf beiden Seiten können nur kleine Brötchen gebacken werden. Weil wir große Angst haben, (wieder) verletzt zu werden. Diese Einsicht macht uns bescheidener, versöhnlicher, weniger fordernd gegenüber unseren Eltern und uns selbst. Wenn wir dagegen die Eltern oder uns selbst unter Druck setzen, wird alles nur noch schlimmer.

Schätzen wir unterwegs nicht die kleinen Schritte gering. Wenn man verletzt wurde, ist es sicherlich eine Erleichterung, nicht mehr wütend auf die Eltern sein zu müssen. Das ist aber etwas ganz anderes, als noch nicht wütend sein zu können, weil man Angst vor Emotionsausbrüchen hat. Dann richtet man nämlich die Aggressionen in eine andere Richtung und wird zornig auf Kinder, Partner oder andere Nahestehende. Oder man richtet die verdrängte Wut gegen sich selbst. Dann bedeutet es einen immensen Fortschritt, Gefühle wie Wut, Trauer und Enttäuschung gegenüber den Eltern auch wirklich empfinden zu können. Natürlich ist dabei zu beachten, dass wir nicht auf unsere Eltern Frust über unser Versagen abladen, das nun gar nichts mit ihnen zu tun hat.

Eine vollständige Versöhnung kann für Verletzte oft nur das Fernziel sein. Unterwegs ist es schon ein Erfolg, überhaupt in Verbindung miteinander zu treten – und sei es im Streit. Oder überhaupt an diesem Thema dran zu sein – und sei es wütend oder voller Angst.

Versöhnung und Streit stehen nicht in Widerspruch zueinander. Oftmals kann die Versöhnung nur über den Streit führen. Eine Versöhnung, die von vornherein jeden Streit unterbindet, kann nicht ernst gemeint sein und ernst genommen werden.

21. Versöhnungsschritt: 21

Was am ehesten zu akzeptieren ist

Wenn das Verhältnis zwischen Ihnen und Ihren Eltern schwierig ist – was können Sie am ehesten verstehen?

- Meine eigenen Schwierigkeiten, ein ungetrübtes Verhältnis zu den Eltern zu haben
- Die Schwierigkeiten meiner Eltern, versöhnend auf mich zuzugehen
- Die Tatsache, dass die vollständige Versöhnung sehr lange dauern kann

B Das Geheimnis des Ehrens entdecken

Genau wissen wir allerdings nicht, wie es praktisch aussieht, die Eltern zu ehren. Denn wir ahnen es schon: Es ist nicht mit einer Aufmerksamkeit zum Muttertag getan.

Unter »ehren« verstehen wir in der Regel das Würdigen einer hervorragenden Leistung. Genau das passt zu dieser Beziehung überhaupt nicht. Erst wenn wir die Frage vergessen, was der andere leistet und uns nützen könnte, ist Erfüllung zwischen Eltern und Kind möglich. Also muss etwas anderes gemeint sein.

Die Geschenke des Lebens stehen in Beziehung zu unseren Eltern. Wenn Christen sich beschenkt fühlen, setzen sie es gerne in Beziehung zu Gott, der das möglich gemacht hat.

Allerdings haben auch Menschen die Voraussetzungen für unsere (guten) Erfahrungen geschaffen. Allen voran unsere Eltern. Sie hatten den Mut, uns das Leben zu schenken. Sonst gäbe es uns nicht. Aus ihrer Kombination sind genau wir geworden – mit unserer Einzigartigkeit und unseren Begabungen. Sonst hätten wir nicht die Möglichkeiten, die wir haben.

Die Eltern ehren heißt, ihre Bedeutung anzuerkennen. In dem entsprechenden Gebot wird kein Wettbewerb für Vorzeigeeltern ausgeschrieben. Vielmehr sollen wir auf das sehen, was sie zu unseren Eltern gemacht hat: der Vorgang von Zeugung und Geburt. Unsere Eltern waren der Auffassung, dass es sich lohnt, zu leben und dieses Leben weiterzugeben. Die Hoffnung, dass sie dieses Leben bewältigen werden, hat ihnen die Kraft gegeben, Ja zu uns zu sagen und alle Risiken dabei in Kauf zu nehmen. Auch wenn sich nicht alle guten Erwartungen erfüllt haben, verdanken wir dieser Hoffnung unser Leben.

Bei dem Ja unserer Eltern zu unserem Leben könnten auch Gedankenlosigkeit oder weniger erhebende Motive eine Rolle gespielt haben. Und doch hat Gott sie gebraucht, um etwas von seinem Glauben, Hoffen und Lieben zur Entfaltung zu bringen. Wenn wir zum Geburtstag nicht mehr wissen, was es zu feiern gibt, bleibt uns doch eine Tatsache: Mit unserer Geburt hat Gott eine Spur seines Handelns gelegt. Unter den unermesslich vielen Möglichkeiten des Lebens, die in jeder Ei- und Samenzelle liegen, wollte er seine Schöpfung gerade um unsere einzigartige Kombination bereichern.

Manches am Wegrand erinnert an die Bedeutung der Wurzeln. Ich mag mächtige Bäume. Ich denke gerne über das Geheimnis ihrer Größe nach: über die verborgenen Wurzeln, die ihnen ein aufrechtes, festes Stehen ermöglichen. Auf unserem Hauptspazierweg ist ein Baum, der sehr lädiert aussieht. Der Stamm ist so ausgehöhlt, dass man sich fragt, woher er die Kraft nimmt, Blätter und Äpfel zu tragen. Es kann nur an den Wurzeln liegen.

Wenn es uns nun gelingt, viel zu tragen, ohne daran zu zerbrechen, lässt das auf ein großes, starkes Wurzelwerk schließen. Auch wenn es nicht zu sehen ist, hat es eine große Bedeutung. Erst auf zwei Beinen stehen wir fest. Mit dem einen Fuß gründen wir uns auf den Schöpfergott, mit dem anderen auf die beiden Menschen, die uns das Leben weitergegeben haben.

Mose nahm die Kraft für seine Aufgabe aus seiner Liebe zum Volk Israel. Er war ganz damit versöhnt, dass gerade dies sein Volk war. Nur weil Mose ganz in seine Wurzeln einwilligte, konnte er den Stürmen seines Lebens trotzen.

22. Versöhnungsschritt: 22

Die Verwurzelung schätzen

Sie können unter folgenden Möglichkeiten wählen:

- Denken Sie an die vielen guten Erfahrungen, die Sie in Ihrem Leben nicht missen wollen. Und sagen Sie dazu: Das haben auch meine Eltern möglich gemacht.
- Bringen Sie einmal Ihren Lebensfluss zu Papier. Die Zuflüsse sind die Menschen, die Ihnen etwas Wertvolles mitgegeben haben: Ihre Eltern, aber auch andere Menschen, die Ihnen Orientierung und Hilfestellung gegeben haben.

- Überlegen Sie einmal, welche Stürme des Lebens Sie schon bewältigt haben. Bedenken Sie: Das war durch Ihr Wurzelwerk möglich. Durch Ihre Eltern und deren Eltern und all die anderen mutigen Frauen und Männer vor Ihnen. Vielleicht haben Sie jetzt Lust, spielerisch Ihren Lebensbaum zu zeichnen. Schreiben Sie Ihre wichtigen Namen darauf – von denen, die vor Ihnen geboren wurden, und denen, die später gekommen sind.

C Das Ehren der Eltern praktizieren

Es gibt keine To-do-Liste, die uns sagt, wodurch wir die Eltern ehren sollen. Doch mit einer versöhnten Haltung ergeben sich die rechten Verhaltensweisen wie von selbst. Dazu drei markante Punkte:

* *Wir schämen uns ihrer nicht.* Dann sprechen wir gerne und gut über sie. Immerhin ist aus dem Verschmelzen ihrer beiden Persönlichkeiten etwas Lebensfähiges entstanden: nämlich wir selbst. Und mehr noch als nur Lebensfähiges: Bemerkenswertes, Schönes, Originelles ...

Was wir anderen tun, fällt auf uns selbst zurück. So betont es Jesus immer wieder (z. B. Matthäus 7,2). Da wir mit unseren Eltern besonders stark verbunden sind, gilt das hier besonders intensiv: So wie wir über sie sprechen und denken, wird bald über uns gesprochen und gedacht werden können. Wenn wir sie zum Thema machen, können wir an die Stabilität und Wachstumsmöglichkeiten denken, die wir mitbekommen haben.

* *Die Eltern zu ehren heißt, auf Abstand zu gehen.* Man kann sich nur gut nahe kommen, wenn man einen gesunden Abstand hat. Den gewinnen wir, wenn wir auf eigenen Beinen stehen und selbst die Verantwortung für unser Leben übernehmen, sobald wir erwachsen sind. Sonst wird aus der Verbundenheit ein Gebundensein. Auch wenn unsere Eltern Schwierigkeiten haben, uns

als erwachsene Kinder loszulassen und sich einmischen, können wir dem mit Respekt und Entschlossenheit begegnen. Dann sagen wir den Eltern freundlich und bestimmt: »Ihr könnt eure Meinung haben und auch äußern. Doch ich werde tun, was ich für richtig halte.« Gerade in dieser Abgrenzung ehren wir sie.

* *Die Eltern zu ehren heißt, ihnen zuzutrauen, dass sie ihr Leben meistern.* Eine weitere Falle besteht darin, die Lasten der Eltern ganz auf die eigenen Schultern zu legen. Dann fällt es uns schwer zu unterscheiden, welche Verantwortung die Eltern für ihr Leben nur selbst übernehmen sollten und worin wir sie unterstützen können. Wir haben zu akzeptieren, dass wir nicht für das Glücklichsein unserer Eltern verantwortlich sind. Es bringt keiner Seite irgendetwas, wenn wir ihre unerfüllten Träume verwirklichen wollen. Wir haben den Eltern auch zuzutrauen, das Schwere in ihrem Leben zu tragen. Meinen wir, dass wir als Kinder stellvertretend etwas von ihren Lasten tragen müssten, ehrt sie das nicht gerade, sondern macht sie klein.

Natürlich geht es hier um eine Haltung, die nicht an unserer Verantwortung rührt, ihnen mit praktischen Hilfeleistungen zur Seite zu stehen, wenn sie uns z. B. bei Krankheit und Altersschwäche brauchen und darum bitten.

23. Versöhnungsschritt: 23

Den Eltern besonnen entgegentreten

Bei welchem dieser Schritte könnten Sie noch trittfester sein?

- Ich spreche so wohlwollend über meine Eltern, wie ich mir wünsche, dass andere über mich sprechen.
- Ich nehme mein Leben selbst in die Hand – selbst wenn es meinen Eltern schwer fallen sollte, mich

loszulassen, oder wenn die Details meiner Lebensplanung nicht ihren Träumen entsprechen. Ich fühle mich nicht dafür verantwortlich, dass sie mit ihrem Leben zufrieden sind.

- Ich bin mir sicher, dass sie auch das Schwere ihres Lebens bewältigen.

Standortbestimmung

Wenn wir uns nicht mehr für etwas Besseres halten, wachsen wir in der Versöhnung. Elia wurde nach eigenen Angaben depressiv, weil er sich nicht besser fühlte als seine Väter (vgl. 1. Könige 19,4). Es ist schon belastend, jemandem Achtung und Ehre zu verweigern, mit dem man letztlich doch verbunden ist (wie in meinem Buch »Schick den Stress in die Wüste!« beschrieben). Doch sich den eigenen Eltern gegenüber als besser zu betrachten, wirkt sich ganz besonders verheerend aus. Wir schneiden uns damit im wahrsten Sinne des Wortes ins eigene Fleisch.

Der Gedanke, es besser als die eigenen Eltern zu machen, ist nahe liegend. Vor allem, wenn wir uns selbst an eigenen Kindern ausprobieren können. Wir wissen ja auch so viel mehr. Doch je stärker wir uns von unseren Eltern abheben wollen, umso mehr verlässt uns die Kraft – die wir vor allem aus unseren Wurzeln bekommen können.

Wenn wir an einem Elternteil nur noch einen Fehler sehen (und nichts anderes), könnte es sich möglicherweise um eine Luftspiegelung unseres eigenen Defizits handeln, das wir uns nicht eingestehen wollen.

Außerdem sollten wir immer wieder unsere Verbundenheit anerkennen. Meine Eltern waren schon immer besonders sparsam. Und ich ermutige sie immer wieder, ihren Lebensabend zu genießen und auch ruhig ihr Geld auszugeben, um sich etwas zu gönnen. Warum versuche ich das wohl? Natürlich weil ich sie liebe und mir von Herzen wünsche, dass es ihnen gut geht. Und weil ich mit ihrem Erbe nicht rechne. Aber üblicherweise ist auch ein wenig Eigennutz dabei. Denn ich weiß, dass ich nicht losgelöst von ihnen handele. Wenn sie mehr genießen – und es sind erfreuliche Fortschritte erkennbar –, besteht auch für meine Genussfähigkeit mehr Hoffnung. Dass wir uns nur sehr selten sehen, ändert nichts an unserer Verbundenheit.

24. Versöhnungsschritt: 24

Wegmarkierungen des Ehrens der Eltern

Stellen Sie sich in einer entspannten Situation vor, Ihren Eltern gegenüberzustehen. Sie können auch ein Bild von ihnen zu Hilfe nehmen. Beobachten Sie, mit wie viel innerer Zustimmung Sie die folgenden Sätze sagen können, die Sie erst an Ihre Mutter und danach an Ihren Vater richten:

»Du hast einen sicheren Platz in meinem Herzen.«

»Wie gut, dass gerade du mir das Leben gegeben hast.«

»Du bist die/der Beste (oder: der/die Richtige) für mich.«

»Ich führe deine Lebensspur weiter, aber so, wie ich es will und kann.«

Wenn Sie einen solchen Satz gut sagen können, dann bewegen Sie ihn immer wieder in Ihrem Herzen. Beachten Sie: Das Gebot, die Eltern zu ehren, kann schnell Druck erzeugen, weil wir fürchten, zu versagen oder etwas zu versäumen. Doch genau mit diesen Ängsten blockieren wir uns. Gehen Sie so locker und gelassen wie nur möglich an diese Versöhnungsschritte heran und beobachten Sie einfach, was für Sie passt.

Denken Sie auch keinesfalls von sich geringer, wenn Sie manche dieser Aussagen nicht nachsprechen können. Schon in Ihrer Bereitschaft, sich überhaupt mit dem Thema zu beschäftigen, liegt eine Ihrer Qualitäten, an der Sie sich freuen können.

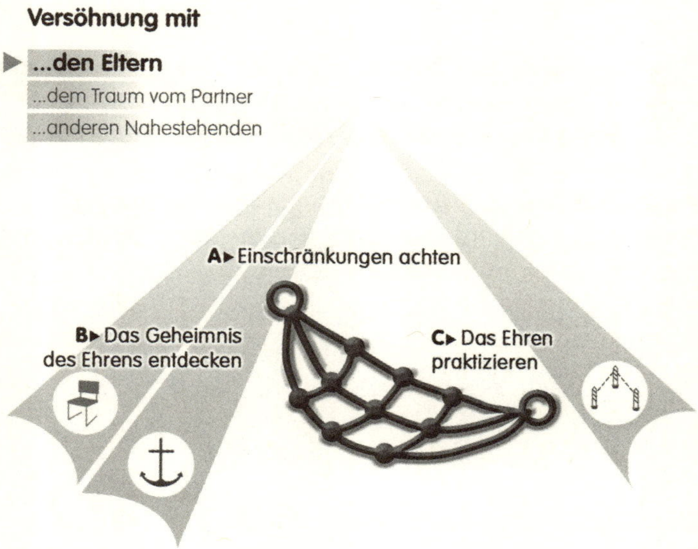

Viele Menschen versäumen das kleine Glück, während sie auf das große vergeblich warten.
Pearl S. Buck

8. ... wer den Traum von einem Partner nutzen kann

Wir sind nur bereit, etwas loszulassen, wenn wir etwas anderes dafür bekommen. Hatten wir uns am Ausgang der Kindheit mehr und mehr von den Eltern zu lösen, suchten wir unbedingt jemanden, der uns den Verlust ersetzt. Die Gleichaltrigen, unter denen wir uns bewegten, wurden sehr wichtig. Doch noch mehr beschäftigte uns als Teenager eine Person, die einfach nur großartig ist, weil sie in unserer Fantasie so ungestört zusammengebastelt werden konnte: der Traumpartner. Dass dabei reichlich Illusionen mit eingeflochten wurden, störte uns – zunächst – nicht.

Manche Jugendliche haben es sehr eilig, einen Partner zu finden und sich dann förmlich zu verschlingen – so viel Dringlichkeit verspüren sie, den emotionalen Tank aufzufüllen.

A Den Partnertraum würdigen

Der Frust ist groß. Die Zeitschrift »Der Spiegel« veröffentlichte jüngst eine Umfrage unter deutschen Jugendlichen. 94 Prozent erklärten, sie glaubten an die große Liebe, und 70 Prozent wünschten sich eine einzige Beziehung für das ganze Leben. Der nicht unbeteiligte Beobachter fragt sich, wie sich bei dieser Kluft zwischen Traum und Wirklichkeit überhaupt das Glück finden lässt.

Statt sich der Frustration hinzugeben, beginnt der Versöhnungsweg auch hier mit Zustimmung. Wir haben anzuerkennen, dass uns der Wunsch nach einem Partner lange begleitet und dass er auch wichtig für uns ist. Verstehen wir die fantasierte Hingabe an einen traumhaften Partner einfach einmal als ein Stück innerer Reinigung von aller Ichbezogenheit. Da könnte es jemanden geben, für den es sich lohnt, alles zu geben. Dem könnten wir so vertrauen, dass wir nichts zurückhalten müssen und wollen.

In jedem Fall gehört auch zu unseren Tagträumen (allzu) bald der Zeitpunkt des Erwachens, an dem wir uns der Realität zu stellen haben. Nicht wenige erleben, dass aus ganz unterschiedlichen Gründen Partnerschaft für sie nicht umsetzbar ist. Dann steht die schwere Aufgabe an, das zu bejahen und sich auch ohne Partner ganz vollständig zu fühlen. Ob das schwerer oder leichter ist, als eine gelungene Partnerschaft zu meistern? Die Antwort hängt stets vom Standpunkt des Betrachters ab.

Auf die Erfüllung des Partnertraums können manche fröhlich verzichten. Das ist aber nur möglich, wenn der Wunsch, sich ganz hinzugeben, ein anderes Ziel gefunden hat. Meist ist es eine Aufgabe, die nicht selten mit dem Glauben an Gott in Verbindung steht. Ein Ausgleich wird solch ein Lebensinhalt nur sein können, wenn er auch Beziehungen einschließt (die nicht von einem Geschäft geprägt sind) und sich nicht im Streben um Anerkennung verausgabt. Menschen, die ihren einstigen Traum vom Partner betrauern konnten und nun unbeschadet als Single ihre Straße ziehen, leben unauffällig unter uns.

Wer dagegen an seinem Traum festklebt und die Realität verwünscht, lähmt sich in der Partnersuche oder Partnerschaft. Man empfindet es vielleicht als Beleidigung, dass der andere nicht mit dem eigenen Traum deckungsgleich ist. Man ist in eine Fantasiegestalt verliebt, der der Partner niemals entsprechen kann. In Anlehnung an einen Satz Dietrich Bonhoeffers über christliche Gemeinschaft gilt: Wer den Traum vom Partner mehr liebt als den Partner selbst, wird zum Zerstörer der Beziehung.[8] Die Auswirkungen sind kaum harmloser als der Betrug mit einem anderen Partner. Man gibt dem anderen nicht den Platz im eigenen Herzen, der ihm zusteht. Damit vergibt man die Chance, das Maß an Glück zu leben, das auf dieser Erde zu haben ist.

25. Versöhnungsschritt: 25

Mit dem Partnertraum versöhnt

Können Sie sich erinnern, wie Ihr einstiger Traum von einem Partner aussah?
Wenn Sie ohne Partner leben, dann fragen Sie sich, inwieweit das jetzt so sein darf. Inwieweit bestimmt Frustration Ihre Gefühle? Können Sie sich von Vorwürfen (gegen andere oder sich selbst) lösen? Vielleicht haben Sie noch ein bisschen zu trauern, damit die Wehmut abnimmt und die innere Freiheit wächst.
Wenn Sie einen Partner haben, können Sie sich überlegen, wie versöhnt Sie damit sind, dass Ihr Partner mit dem Erträumten nicht deckungsgleich ist. Vielleicht ebenso wenig wie Ihre eigene Fähigkeit zur bedingungslosen Hingabe vollkommen ist.

B Grenzen und Möglichkeiten der Liebe sehen

Dieser Abschnitt ist auf Menschen in Paarbeziehungen ausgerichtet. Aber auch für Singles ist es bedeutsam, Möglichkeiten und Begrenzungen der Liebe scharf genug zu sehen.

Was für eine Spannung tut sich auf. Wer die Sternstunden einer großen Liebe erlebt, geht so in der Geborgenheit des Augenblicks auf, dass man alles Danach und Daneben vergisst. Absicherung? Wozu? In der Liebe schlagen wir alle Vorsicht in den Wind.

In Filmen wird immer wieder der Eindruck vermittelt, als wäre das als Dauerzustand in der großen Liebe möglich. Ganz egal, welche widrigen Umstände es nach wie vor geben mag: bettelarm oder stinkreich, eine viel zu ähnliche Lebensgeschichte oder gravierende Unterschiede, ohne das gewünschte Kind oder mit einem zu viel – es ist alles einerlei, weil man sich hat. Und das genügt. Später ist nichts davon mehr egal, da alles zur Alltagsaufgabe wird, an der man scheitern könnte. Uralte Ängste, den Anforderungen nicht gerecht zu werden, werden wach und stören die Idylle empfindlich. Zu diesem Zeitpunkt ist allerdings der Film längst abgeblendet.[9]

Wir wollen die Beständigkeit der großen Liebe für mehr als tausendundeine Nacht. Doch wir können sie nicht verwirklichen. Wir fürchten, vom anderen zu sehr abhängig zu werden oder bei alledem zu kurz zu kommen. Oder wir reiben uns an den Schwächen des anderen.

So materialisiert sich unser Traumpartner nicht nach Plan. Wie reagieren wir, wenn wir uns von gerade dieser Beziehung mehr versprochen haben (oder meinten, dass der andere uns mehr versprochen hat)? Manche kapitulieren in einer trotzigen Alles-oder-nichts-Haltung. Oder sie wechseln schnell den Partner in der Hoffnung, dass der große Durchbruch doch noch gelingt. Schließlich geht es mit dem Partner nicht so richtig bergauf. Die Frische nimmt eher ab. Zwar sind manche Reifungsprozesse möglich, aber eigentlich hat es der Partner gar nicht besonders eilig, unseren Träumen zu entsprechen. Vielleicht, weil er oder sie andere hat.

Es ist möglich, sich mit den Einschränkungen zu versöhnen. Drei Einsichten sind dafür hilfreich:

* *Wir akzeptieren unsere Grenzen.* Wir sind letztlich nicht in der Lage, bedingungslos zu lieben. Entweder es fehlt uns an Beständigkeit. Oder wir nehmen dabei dem anderen seine Freiheit. Alles wäre anders, wenn wir nichts zu fürchten hätten und nichts für uns brauchten. Doch das trifft nur für Gott selbst zu.

Wieso haben wir bei Lichte betrachtet letztlich unter den vielen grundsätzlich in Frage kommenden Menschen einen mittelmäßigen erwählt? Weil wir selbst ja auch nichts anderes als ein ganz durchschnittliches Exemplar unserer Gattung sind und Partnerschaft mit einem vollkommenen Wesen eine überaus anstrengende Angelegenheit wäre.

* *Verliebtsein hat seine Zeit.* Wollten wir – wenn es möglich wäre – ein ganzes Leben im Zustand des Verliebtseins verbringen? Das ist nur auf den ersten Blick reizvoll. Verliebte haben wenig Platz für andere Interessen. Ihnen wird vieles lästig, was doch auch zu unserem Leben gehören darf. Vieles, was einer Partnerschaft Tiefe und Stabilität gibt, steht unter heiß Verliebten nicht auf der Tagesordnung: vergeben und um Vergebung bitten; den anderen in nichts bedrängen, sondern freigeben; warten können ... Ein Impuls in uns will gar nicht die Reibungslosigkeit glücklicher Flitterwochen für alle Zeiten konservieren. Wir wollen die Herausforderung, die uns glücklich macht, wenn wir Schwierigkeiten überwunden haben. Wir wollen dorthin, wo viel zu geben und zu nehmen ist. Wo die Hingabe besonders groß wird.

Wenn nun die neuen Herausforderungen genutzt werden können, um persönlich zu reifen, nimmt die Liebe durchaus nicht ab, sondern festigt sich.

* *Auch Momente zählen.* Es gibt diese Momente, in denen wir nichts wollen, als den anderen glücklich und damit natürlich noch schöner sehen zu können. Allerdings trauen wir dem anderen nur für eine kurze Zeit zu, unsere Sehnsucht ganz stillen zu können.

Es kann hilfreich sein, sich – vielleicht mit Hilfe von Fotos oder anderen Erinnerungsstücken – in schwereren Zeiten solcher glücklichen Erlebnisse zu vergewissern. Dann erkennen wir an: Das Großartige, das uns damals am anderen so fasziniert hat, gehört auch zu den Facetten der Persönlichkeit unseres Partners. Doch es darf auch Phasen geben, in denen ganz andere Eindrücke dominieren. Die bedingungslose Liebe wird keine beständige Größe in unserem Leben werden. Doch jedes Stückchen Einssein hat Gewicht, wenn wir müde, gleichgültig oder ängstlich geworden sind. Auch das, was von Eigennutz verunreinigt ist, kann einstweilen die Bezeichnung »Liebe« verdienen.

26. Versöhnungsschritt: 26

Den Grenzen der großen Liebe zustimmen

Lassen Sie folgende Aussage auf sich wirken:
»Niemand wird über längere Zeit so überschwänglich verliebt sein können, wie ich es mir einst erträumt habe.«
Wie wollen Sie antworten?

- Das geht schon, aber nur mit einem bestimmten Menschen, den ich nur noch nicht gefunden habe.
- Das geht nur nicht, weil ich so schwach bin.
- Das ist leider so, aber ich finde es doch sehr enttäuschend.
- Ich finde es in Ordnung, dass das nur für eine bestimmte Zeit möglich ist und durch eine andere, irgendwie gereiftere Liebe abgelöst wird.
- Genau. Ich erspare es mir, dem Unmöglichen nachzuweinen.

C Geben und Nehmen ausbalancieren

Nach dem Abflauen des stürmischen Verliebtseins finden wir uns in Verhandlungspartnerschaften wieder. Wir rechnen: Ich habe ein Opfer gebracht, indem ich mit in den Urlaub fuhr, wohin nur du wolltest. Ich habe auch dein Lieblingsgericht schon wieder tapfer mitgegessen und höre mir deine Geschichte zum x-ten Mal (halbwegs geduldig) an. Die Zeiten, in denen ich alles in Kauf nahm, wenn wir nur zusammen waren, sind Geschichte. Nun bin ich mit meinen Bedürfnissen dran. Ich erwarte etwas. Sonst habe ich Angst, zu kurz zu kommen.

Im Streit geht es eigentlich immer um Bedürfniskonflikte, auch wenn andere Themen im Vordergrund stehen. Je individualistischer wir uns im wachsenden Markt der Möglichkeiten verhalten, desto stärker können die Bedürfnisse der Partner auseinander klaffen. Wünsche müssen ausgehandelt werden. Wenn das gelingt, kommt es zu Kompromissen, die aber immer mit einem Stück Verzicht verbunden sind. Dabei fühlen wir uns langfristig nur dann wohl, wenn eine Ausgewogenheit zwischen Geben und Nehmen besteht.

Doch dieser Ausgleich kann kippen:

* Es nimmt jemand deutlich mehr, als er gibt. Dabei kann beispielsweise im Hintergrund stehen, dass er durch den Partner versucht, kindliche Bedürfnisse nachträglich zu stillen. Wer vom Ehepartner erwartet, dass er für mich die bessere Mutter bzw. der bessere Vater ist, muss scheitern.

* Einer gibt unaufgefordert mehr, als der andere zurückgeben kann, und setzt sein Gegenüber damit ständig unter Druck. Oder der Gebende weigert sich, seinerseits vom anderen zu nehmen. Wer mehr gibt, scheint der Bessere zu sein. Wenn er sich in seiner überlegenen Position auch so fühlt, achtet er den anderen weniger. Der wiederum muss wütend werden, weil er klein gemacht wird und sich schuldig fühlen soll.

Bei manchem Leid kann ein starkes Ungleichgewicht entstehen. Dann kommt es zur Zerreißprobe, z. B. wenn einer von beiden suchtabhängig ist. Sein Partner wirkt nun ausgleichend, indem er bereitwillig die Lasten trägt und den sozialen Abstieg verhindert. Probleme entstehen, wenn er sich dabei in die Rolle des überlegenen Helfers einlebt und dadurch co-abhängig wird. Seine Abhängigkeit besteht dann darin, sich in dieser starken Position zu befinden. Wenn der Süchtige frei wird, spielt sein Partner verrückt, weil er seine Überlegenheit in Gefahr sieht.

Bleibt über eine lange Zeit ein starkes Ungleichgewicht erhalten, bricht häufig einer aus der Beziehung aus. Nicht selten geht derjenige, der mehr bekommen hat, weil dieser die Abhängigkeit und das Dankbar-sein-Müssen nicht länger erträgt. Und der Gebende versteht die Welt nicht mehr: Warum passiert mir das, wo ich doch alles getan habe?

Wenn einer von beiden z. B. wegen einer langwierigen Krankheit weniger zurückgeben kann, ist es wichtig, dass sein Partner auf die überlegene Position verzichtet. Wird der Kranke genug geachtet und gewürdigt, reicht es, zum Ausgleich dankbar zu sein. Die Krankheit ist dann das gemeinsame Schicksal, das beide tragen. Dann stärkt diese Erfahrung die Beziehung, weil niemand sich über den anderen stellt. Doch besonders schwer zu ertragen ist es womöglich für den Hilfebedürftigen, der sich als der schwache fühlen muss.

> In dem deutschen Film »Erbsen auf halb sechs« entscheidet sich eine blindgeborene Frau für die Partnerschaft zu einem blinden Mann und löst die Beziehung zu einem Sehenden auf, der alles für sie tun will. In der Partnerschaft mit einem Sehenden würde sie die Last, blind zu sein, schmerzlicher empfinden. Es ist verständlich, dass sie sich diesem Gefälle nicht stellen will.

Glücklicherweise kann eine Paarbeziehung mehr als eine Verhandlungsarena für Bedürfnisse sein. Dass jemand etwas zu geben hat und der andere nimmt, macht die vielen Liebeserweise erst möglich. Allerdings sollte das Gefälle immer wieder ausgeglichen werden können. Durch diese Ausgewogenheit kann es immer wieder zu jenen glücklichen Momenten kommen, in denen die eigene Bedürftigkeit ganz vergessen wird.

Übrigens gelten diese Gesetzmäßigkeiten auch für platonische

Freundschaften – auch wenn diese Beziehungen in der Regel nicht so existenziell sind.

27. Versöhnungsschritt: 27

Auf den Ausgleich in der Partnerschaft achten

Denken Sie an Ihre wichtigste partnerschaftliche Beziehung oder Freundschaft und stellen Sie sich folgende Fragen:

- Gibt einer von uns beiden grundsätzlich und über sehr lange Zeit mehr, als er vom anderen erhält? Wenn ja, wie gehen wir damit um?
- Wie ist es um die gegenseitige Achtung bestellt? Fühlt sich einer von uns irgendwie als der Bessere und Reinere?
- Können wir beide gerne geben, wenn der andere um etwas bittet? Können wir es genauso gut annehmen, dass der andere etwas gibt, ohne dass man es gleich zurückgeben kann?
- Ist es okay, in einem bestimmten Bereich oder für eine gewisse Zeit wesentlich mehr zu geben oder zu nehmen?
- Wie entspannt ist der Austausch über gegensätzliche Bedürfnisse?

Vielleicht ist es möglich, miteinander zu überlegen, wie die Ausgeglichenheit des Gebens und Nehmens gestärkt werden kann.

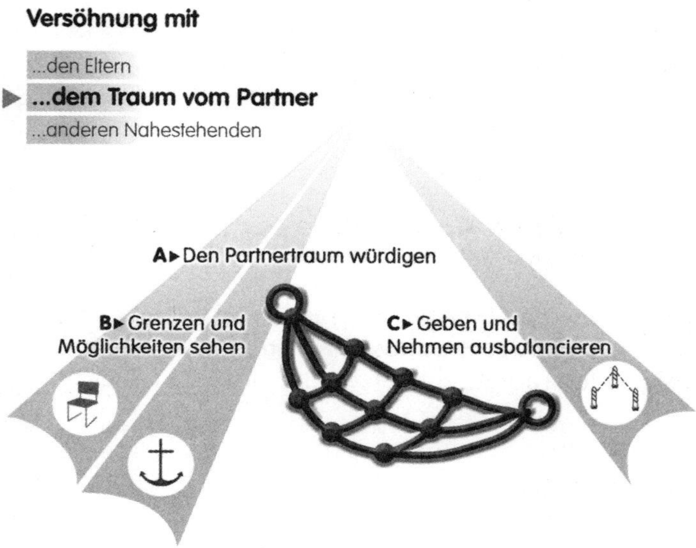

Unser Kopf ist rund, damit das Denken die Richtung wechseln kann.

Francis Picabia

9. ... wer den Nächsten ihre Freiheit lässt

In der Mutter konnten wir nicht lange aufgehen, und der Partner schließt unsere Sehnsuchts-Lücke auch nicht so ganz. Deswegen suchen wir weiter nach Halt. Schließlich sitzt uns die größte aller Ängste im Nacken: Wir fürchten, durch das Beziehungsnetz ins Bodenlose zu fallen. Auch wenn diese Befürchtung so nicht real ist, schafft sie viel Unruhe. Niemand kann uns hundertprozentig davor schützen, dass wir uns immer wieder verloren fühlen. Und wenn es gelänge, dass ein Mensch für einen langen Zeitraum unser

Ein und Alles würde, gäbe es Risiken und Nebenwirkungen. Vor allem im Hinblick auf ungesunde Abhängigkeiten. Schauen wir uns das beispielhaft für den Kontakt zu Kindern, Geschwistern und Hilfebedürftigen an.

A Heimliche Forderungen aufdecken

Kinder sind von Anfang an große Hoffnungsträger. Eine Frau, die das Glück hat, einem Menschen das Leben schenken zu dürfen, erlebt nun in ausgereiftem Bewusstsein eine Symbiose mit einem anderen Menschen. Vielleicht hat sie noch nie in diesem Maße das Gefühl gehabt, dass ihr etwas so sehr gehört wie dieses Kind. Hier entsteht eine Täuschung, die es zu überwinden gilt – und das bindet über viele Jahre emotionale Energie. Denn kein Mensch gehört dem anderen.

Auch andere Hoffnungen müssen unbedingt *ent-täuscht* werden. So können Kinder den Eltern nichts ausgleichen. Durch das Kind sind zwar zwei Menschen enger miteinander verbunden. Doch für eine erfüllte Partnerschaft kann das Kind nichts tun. Ein Kind darf einfach nur da sein. Es muss keinen Zweck erfüllen.

Alles in allem zahlt es sich nicht aus, einem Kind das Leben zu schenken und es zu begleiten. Man gibt immer mehr, als man zurückbekommt. Doch wenn jede Kosten-Nutzen-Rechnung durchkreuzt ist, wird der Blick auf den wahren Gewinn frei: die Seligkeit des Gebens. Dann sieht man jedes Lächeln und jede Stunde des Einsseins als ein Geschenk, mit dem man nicht rechnen konnte – und das gerade deshalb so unermesslich wertvoll ist.

Mit Geschwistern wollen wir uns messen. Als wir uns aus dem Einssein mit der Mutter lösen mussten, haben wir in der erkaltenden Welt, die uns umgab, nach Mitstreitern gesucht, bei denen wir uns vielleicht anlehnen können. Wer kein Einzelkind ist, war sich schon immer sicher, nicht alleine unterwegs zu sein. Von den Geschwistern konnte man etwas sehr Wichtiges lernen: nicht immer der Mittelpunkt zu sein. Wer keine hat, muss sich das später von anderen sagen lassen.

Geschwister brauchen wir vor allem, um zu konkurrieren. Dabei geht es heftig zur Sache – auch (oder gerade?) wenn viel Zuwendung zu vergeben ist. Hier kann man Stärke zeigen und Überlegenheit auskosten. Und weil wir uns nie sicher sein können, uns auch wirklich behauptet zu haben, sorgt dieser Wettstreit für einen ständigen Kontakt miteinander.

Wenn wir privat oder beruflich helfen, suchen wir darin auch Sicherheit. Worauf ist zu achten, damit die so wertvolle Hilfsbereitschaft nicht danebengeht?

Als Hiob abgrundtief litt, besuchten ihn drei Freunde, um ihm beizustehen. Wohl dem, der solche Freunde hat. Sie schafften es, acht Tage lang mit ihm zu schweigen. Eine Leistung, zu der wir kaum in der Lage wären. Allerdings machten diese drei Männer danach doch noch einen Fehler: Sie hätten abreisen und Hiob allein lassen sollen. Als sie den Mund aufmachten, um irgendetwas zu erklären, streuten sie – was immer sie auch sagten – nur Salz in Hiobs weit geöffnete Wunden.

Wir signalisieren mitunter damit dem anderen unbeabsichtigt und unbewusst: Du bist jetzt so schwach, dass du umkippst, wenn ich dich nicht halte. Mit dieser Haltung schwächen wir durch unser Eingreifen den anderen, statt ihn zu stärken. Die Wahrheit ist: Der andere kann seine Last tragen. Aber wir halten es irgendwie nicht aus, einfach »nur« daneben zu stehen und nichts tun zu können (ohne Chance, Dank oder gar Anerkennung ernten zu können).

Sich hier demütig zu verbeugen und es dabei bewenden zu lassen (auch wenn wir gerne unsere Kompetenz und Hingabe bewiesen hätten), ist das wirklich Große. Natürlich sind wir aufgerufen, dem Schwächeren zur Seite zu stehen. Doch sobald wir uns überlegen fühlen, ist es mit unserer Hilfe dahin. Wir übersehen, dass unser Gegenüber eine bestimmte Last durchaus tragen muss und kann. Damit nehmen wir dem anderen ein Stück seiner Würde. Dafür wird er uns bald böse.

28. Versöhnungsschritt: 28

Sich den eigenen Bedürfnissen in Beziehungen stellen

Greifen Sie unter den Beziehungen zu Kindern, Geschwistern und Hilfebedürftigen die heraus, die für Sie wichtig sind. Überlegen Sie sich in einer ruhigen Stunde: Was erwarte ich von meinem Gegenüber? Könnte davon etwas mit meiner eigenen Geschichte und Bedürftigkeit zu tun haben (so dass ich gar nicht voll im Blick haben kann, was dem anderen gut tut)? Wenn es so etwas gibt, dann verurteilen Sie sich dafür nicht. Nehmen Sie es als etwas zur Kenntnis, was immer und überall passieren kann und häufig auch passiert.

B Den anderen freigeben

Wir haben den Kindern ihre Kindheit zu lassen. Neil Postman beschrieb in seinem Buch »Das Verschwinden der Kindheit«, wie Kinder durch den Fernseher mit Themen der Erwachsenenwelt konfrontiert werden und somit der Schutzraum Kindheit immer mehr verloren geht. Während das Fernsehen ganz allgemeine Themen präsentiert, die die Kinderseele überfordern, wird es noch wesentlich intensiver, wenn Eltern oder andere Familienangehörige das Kind mit ihren Problemen belasten. Was ihre eigene Identität betrifft, haben Kinder ein uneingeschränktes Recht auf die Wahrheit. Doch die Probleme der Eltern- und Großelterngeneration gehen sie nichts an. Sie davor zu bewahren, ist wichtig, weil sie sehr bereitwillig Verantwortung übernehmen wollen. Doch genau das scheitert und schadet allen.

Worum geht es beim Geschwisterstreit? Drei Jahre lang standen bei unseren Familienfahrten unseren drei Kindern drei Rüksitzbänke zur Verfügung. Diese Kinderzahl ergibt viele Möglichkeiten, sich zu streiten. So entwickelte es sich regelrecht zur Zeremonie, vor Antritt der Fahrt um den besten Platz zu kämpfen. Es fiel mir dann auf, dass durchaus nicht feststand, ob nun der Platz in der Mitte als besser oder schlechter anzusehen war. Es ging also gar nicht um den Platz an sich. Es musste gestritten werden, um das Gefühl des Unterlegenseins abzuwehren. Und ich erinnerte mich plötzlich, dass ich in meiner Kindheit an dem gleichen Spiel beteiligt war. Diese Einsichten machten mich etwas zurückhaltender, in Geschwisterstreitigkeiten einzugreifen.

Erwachsene Geschwister können beim Streiten auch behaupten, dass es ihnen um nichts als die Sache geht. Doch eigentlich geht es immer (auch) um Konkurrenz. Vielleicht ging es im Kern eines Streites nie um etwas anderes. Das wissen alle, aber erst wenn das eingesehen wird, entspannt sich das Miteinander.

Wenn man sich der Konkurrenzfalle bewusst ist, kann man achten, dass der Bruder bzw. die Schwester anders lebt, andere Prioritäten setzt und Werte hat, die wir vielleicht gar nicht teilen. Das schafft Raum für Wertschätzung. Der Kontakt zu Geschwistern ist ein besonders gutes Übungsfeld, unser eigenes Lebensmuster nicht als das einzig mögliche anzusehen. So wie es auch nicht nur eine Vorgehensweise gibt, um zu einem versöhnten Leben zu finden.

Der hilfreiche Helfer hält sich für entbehrlich. Mose gelang es, im Volk Israel auch den Einzelnen in seiner Not zu sehen. Es war jedoch keine Liebe, die sich von den Wunschzetteln vieler Menschen hin- und hertreiben ließ. Einmal war Mose extrem überlastet. Ununterbrochen kamen Leute zu ihm. Es ging sicherlich oft um den alltäglichen Kleinkrieg, der zwischen Menschen entsteht, denen das Knirschen des Sandes unter den Füßen schon lange auf die Nerven geht.

Sein Schwiegervater coachte ihn. Er wies Mose darauf hin, dass er nicht der Über-Vater der Nation ist. Mose war demütig genug, darauf zu hören. Er hielt sich nicht für unentbehrlich, obwohl alles danach aussah.

Es gibt eine unnütze Selbstlosigkeit. Sie soll die eigene Unfähigkeit vertuschen, sich selbst annehmen zu können. Nur in dem Maße, wie wir uns selbst angenommen haben, können wir uns wieder loslassen und dann auch wirklich selbstlos dienen.

29. Versöhnungsschritt: 29

Mein Gegenüber entlassen

Inwieweit können Sie folgende Aussagen überzeugt und ehrlich Ihren Kindern, Geschwistern oder Hilfebedürftigen sagen?

- Du bist für mein Glücklichsein nicht verantwortlich und musst mein Leben nicht vervollständigen.
- Ich spanne dich nicht vor den Karren meiner Bedürfnisse.
- Es macht mich froh, wenn ich dich glücklich sehen kann – auch wenn deine Werte und Lebenskonzepte von meinen abweichen.

C Freiräume ausbauen

Wir geben den Kindern Geborgenheit, wenn sie einen sicheren Platz haben. Ideal für das Kind ist, wenn die Eltern füreinander an erster Stelle stehen. Kinder fühlen sich an einem untergeordneten Platz am sichersten, obwohl sie sich immer wieder in den Mittelpunkt stellen. Kinder, die erfahren dürfen, wie wichtig sich Papa und Mama sind, lernen etwas Entscheidendes für ihre späteren Beziehungen. Dreht sich alles um das Kind, fühlen sich alle verunsichert, am meisten aber das überforderte Kind selbst. Kinder müssen ab dem Kindergartenalter am Tisch und im Bett ihren Platz nicht mehr zwischen den Eltern haben. Außerdem ist darauf zu achten, ob sie zu jedem beliebigen Zeitpunkt alle Aufmerksamkeit an sich reißen können.

Kinder brauchen auch die Sicherheit, nicht funktionalisiert zu werden. Was ist damit gemeint?

- Sie dürfen nicht zum Zankapfel der Eltern werden. Das kann z. B. passieren, wenn die Frau ihrem Mann vorwirft, sich im Beruf viel mehr zu engagieren als in der Familie. Unter Umständen rächt sie sich dann, indem sie unverhältnismäßig stark mit ihrer Mutterrolle verschmilzt. Oder Geschiedene kämpfen um das Kind und machen den Partner vor dem Kind schlecht. Scheidungskinder überfordert es auch, wenn sie wählen müssen, bei wem sie leben wollen. So werden sie gezwungen, sich gegen einen Elternteil zu entscheiden.
- Kinder können nie irgendjemanden ersetzen. Nicht den abwesenden Partner oder ein anderes Kind, das man verloren hat. Ebenso sind Adoptivkinder kein vollständiger Ersatz für die eigenen Kinder, die man nicht bekommen hat.
- Kinder sind auch nicht für irgendwelche Entscheidungen der Eltern verantwortlich, z. B. dass die Eltern geheiratet haben, weil das Kind unterwegs war.
- Manche Eltern wollen, dass es ihre Kinder einmal besser haben sollen als sie selbst. Doch Kindern geht es vor allem gut, wenn sich ihre Eltern nicht als zu kurz gekommen empfinden. Es schadet ihnen, wenn sie unter Druck stehen, etwas schaffen zu müssen, was den Eltern versagt blieb. Es ist gefährlich, sich Bilderbuch- oder Titelbildkinder zu wünschen.

Es gibt einen Weg der Versöhnung unter Geschwistern. Einmal begannen die beiden Geschwister des Mose, Miriam und Aaron, an seinem Stuhl als Volksführer zu sägen (4. Mose 12,1.2). Sie hatten es satt, immer nur im Schatten des jüngeren Bruders zu stehen. Geschwisterrivalitäten können in Stresssituationen immer wieder neu aufflackern – ganz so, als hätte man nichts dazugelernt. Damals konnte dieser Konflikt sich nicht zu einem Großfeuer entwickeln, weil Mose ganz befreit reagierte. Er wusste, dass der Familienstreit erst richtig aufgeflammt wäre, wenn er sich verteidigt hätte. Vor allem war er aber überzeugt, dass es gar nicht seine Angelegenheit ist, hier irgendetwas zu behaupten. Machtworte und -gebärden (die oft von Ohnmacht bestimmt sind) kann sich ein versöhnter Mensch sparen. Steigt jemand aus dem Konkurrenzmuster aus, irritiert das die anderen heilsam.

Auch bei Hilfebedürftigen ist das ausgewogene Verhältnis von Geben und Nehmen wichtig. Für konfliktträchtige Helferbeziehungen kann Folgendes auf einen wunden Punkt hinweisen:

- Wenn man jemandem etwas gegeben hat, sollte man sich auch sehr bereitwillig etwas geben lassen. Wer ein mögliches Gegengeschenk nicht annehmen oder würdigen kann, will vielleicht nicht darauf verzichten, der Überlegene zu sein.
- Wer anderen hilft, beobachte selbstkritisch, ob er nicht zu viel des Guten tut und dem anderen zu wenig zutraut, seine Last und Verantwortung selbst zu tragen. Steht für uns wirklich im Mittelpunkt, den anderen glücklich zu sehen? Oder wollen wir insgeheim auch unsere Nützlichkeit unter Beweis stellen?
- Wir haben zu unterscheiden: Eine Verantwortung, die uns zufällt, haben wir zu übernehmen. Reißen wir dagegen eine Verantwortung an uns, schadet das.

30. Versöhnungsschritt: 30

Beschränkungen selbstkritisch hinterfragen

- Für Eltern: Schulen Sie Ihr Unterscheidungsvermögen, womit Sie Ihre Kinder konfrontieren und von welchen Problemen der Erwachsenen sie unbedingt verschont bleiben sollten.
- Gegenüber Geschwistern: Macht es Ihnen etwas aus, wenn Ihre Geschwister in irgendeiner Hinsicht erfolgreicher sind? Müssen Sie sich gegenüber Ihren Geschwistern verteidigen? Wie wertvoll Sie sind, entscheidet sich nicht durch diese Vergleiche.
- Für Helfer: Sind Sie sich bewusst, was Sie von den Menschen nehmen, denen Sie helfen? Verweigern Sie dem anderen eine Möglichkeit, Ihnen etwas zurückzugeben?

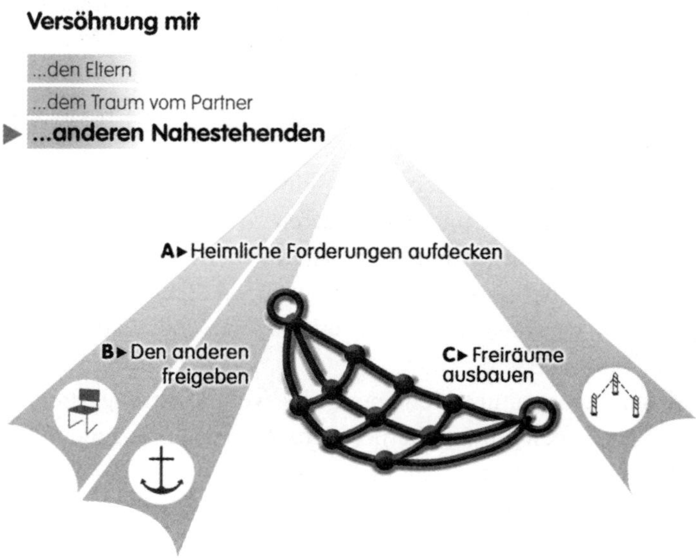

Was uns bleibt

Je näher wir jemandem gekommen sind, desto wichtiger ist es, wieder auf Abstand zu gehen – um nicht zu sehr miteinander zu verschmelzen oder sich zu sehr über den anderen zu definieren.

Alles in allem will uns die Bibel immer wieder von dem hohen Ross unserer vermessenen Ansprüche herunterholen: »Ist's möglich, so viel an euch liegt, so habt mit allen Menschen Frieden« (Römer 12,18). Eine heile Welt werden wir uns nicht schaffen. Auch nicht, wenn wir uns in einer ganz kleinen Welt abkapseln. Schließlich gab es zwischen Israel und Ägypten kein Happy End. Aber für eine versöhntere Haltung gibt es immer noch eine offene Tür.

Nur wer zu seinem Schatten steht, kann auch über seinen Schatten springen.
Anton Kner

Sicher fühlt sich, ...

Mit unseren Mitmenschen versöhnt zu leben, erscheint uns schon als gewaltige Herausforderung. Nur eines kann eventuell noch schwerer werden: die Versöhnung mit sich selbst. Das beinhaltet vor allem, sich mit persönlichen Begrenzungen zu versöhnen, an denen wir uns immer wieder reiben.

Wo das gelingt, tritt Entlastung ein. Vieles haben wir nicht mehr nötig: uns sonst etwas zu beweisen, auf jede Kritik empört zu reagieren (da sie ja berechtigt sein könnte), uns immer wieder übermäßig viel abzuverlangen ...

Dieses Haus war vorige Woche geputzt. Sorry, du hast es verpasst.

Schild zur Entlastung von verhinderten putzwilligen Menschen

10. ... wer seinen natürlichen Begrenzungen zustimmt

Als Mose berufen wurde, befand er sich in einer verzweifelten Situation, die ich prinzipiell gut kenne. Die Befreiungstat, von der ich träume und für die ich bis in die Fußspitzen motiviert wäre – dafür scheinen mir immer wieder meine Kraft, Zeit und Hingabe zu knapp bemessen. Und sie macht mir Angst. Was ich aber im Handumdrehen auf den Weg bringe, ohne an meine Grenzen zu stoßen, das ist zu wenig. Es enttäuscht andere Menschen, die mehr an Zuwendung und Hilfe von mir erwartet haben. Ebenso wenig reicht es mir selbst. Und es scheint mir auch hinter dem zurückzubleiben, was Gott durch mich tun will.

Aus gutem Grund fühlte sich Mose nicht zum Politiker ausgerüstet, der gerne Volksreden schwingt. Er antwortete Gott in 2. Mose 4,10 nach dem Grundtext mit einem Kauderwelsch: »Bei mir, mein Herr, nicht ein Mann der Worte – ich! Auch nicht seit gestern, auch nicht seit vorgestern, auch nicht seit deinem Sprechen zu deinem Knecht, denn schwer der Mund, schwer die Zunge – ich!« Mose präsentierte damit wohl gleich eine Kostprobe seines Stotterns.

Ich kenne die Fragen, die einem dabei kommen: Gott, wenn du berufst, dann wähle doch bitte jemanden mit vollständiger Ausrüstung. Und wenn es ausgerechnet ich sein soll, dann muss erst einmal ein höchst wirksames Heilungswunder her. Wie soll sonst etwas dabei herauskommen, dem auch nur ein Hauch deiner Vollkommenheit anhaftet?!

Weshalb – so fragen wir uns – stellt sich der Allmächtige nicht eine Vorzeigegarde ohne Gebrechen zusammen? Doch offenbar hat er auch nicht annähernd so viele Bedenken wegen unserer Einschränkungen wie wir. Schließlich sind unsere Befähigungen ohnehin nicht der springende Punkt.

A Grenzberührungen billigen

Manchmal träumen wir von der Grenzenlosigkeit. In einem Film wird ein Geistlicher um etwas gebeten, das er nicht leisten kann. Er antwortet: »Ich bin in 20 Jahren theologischen Nachdenkens im Wesentlichen zu zwei Erkenntnissen gekommen: 1. Es gibt einen Gott. 2. Ich bin es nicht.«

Natürlich sind wir nicht Gott. Aber wenn es doch möglich wäre – hätte es nicht auch etwas Verlockendes? Das hieße doch, unantastbar zu sein. Niemand kann uns dumm kommen. Wir haben niemanden zu fürchten und müssten uns nie einer Übermacht beugen. Wir könnten auch alles Schwere unseres Lebensweges aufgrund unserer unbegrenzten Möglichkeiten mit einem Fingerschnippen entschärfen. Wir wären unerschöpflich.

Tatsächlich sind wir jedoch nie ganz vor Erschöpfung sicher. Das hat uns an unserer Geschöpflichkeit noch nie gefallen. »Verliebt in eine Hexe« – so hieß eine Fernsehserie vor etwa 30 Jahren. Eine Frau war regelmäßig mit ihrem Familienalltag überfordert. Wenn dann nur noch das Chaos perfekt war, musste sie nur ein paar Mal mit der Nase wackeln und alles vollendete sich per Zauberhand. Dass dergleichen nicht seine Anziehung verloren hat, zeigt die Popularität von Harry Potter & Co.

Manches, was uns heute zur Verfügung steht, erschiene unseren Vorfahren wie ein Zauber. Wir haben viel erwirtschaftet, was unser Leben erleichtert. Die einzige unbedingt erforderliche körperliche Anforderung in Zusammenhang mit der Nahrungsaufnahme besteht für mich noch darin, den Supermarkteinkauf vom Auto ins Haus zu tragen. Allerdings will sich das erhoffte leichte Lebensgefühl derer, die nur noch auf den Knopf zu drücken brauchen, nicht einstellen. Ein schlagkräftiges Heer von technischen Sklaven (und solchen, die für sehr wenig Geld in der Dritten Welt schuften) arbeitet für uns. Doch mühsam bleibt der Alltag doch. Das Fantasiebild von der Leichtigkeit der Herrschenden ist so offensichtlich realitätsfern, dass es sich nicht einmal mehr als Stoff für ein Filmdrehbuch recht eignet. Ein Inder sagte einmal über die moderne Zivilisation: »Eure Erfindungen sparen weder Zeit noch Seelenkraft. Sie sind vielmehr die Sporen, die euch immer zu neuen Erfindungen und neuen Geschäften treiben.«[10]

Früher dachte ich: Wenn ich meinen Traumberuf erlangt habe, wird mir die Arbeit nur noch Spaß machen. Als Selbstständiger ist das besonders leicht, weil man sein eigener Herr ist und selbst entscheiden kann, wie viel man arbeitet. Nun kann ich das machen, was ich wollte. Dennoch gibt es immer wieder Phasen, in denen mir die Alltagsbewältigung Kampf abverlangt. Erst ist es schwierig, den Kopf für die kreative Arbeit freizubekommen. Habe ich dann genug Aufmerksamkeit für mein Projekt, ergreift es manchmal so sehr von mir Besitz, dass es auch mühevoll werden kann. Das Hin- und Herwälzen von Ideen ereignet sich dann nicht nur von früh bis spät, sondern auch von spät bis früh und führt zu nächtlicher Stunde zu entsprechenden Drehungen im Bett. Aber es liegt mir völlig fern, mich zu beschweren. Ich will keinesfalls auf die schwierigen Aufgaben verzichten – nur weil sie unbequem sind. Wer das eine will, wird das andere mitnehmen müssen. Am auffälligsten empfinde ich das, wenn es darum geht, das Wort Gottes weiterzusagen. Das beschert mir von aller Arbeit die tiefsten Glücksmomente – und die meisten inneren Reibereien.

»Mühsal inklusive« – so könnte man unsere Lebensreise durchaus etikettieren. Was kostet es für Anstrengungen, die ganze Wohlstandsmaschinerie am Laufen zu halten! Es müssen ständig Teile erneuert werden. Oder verzinkt, um sie haltbarer zu machen. Oder verchromt, damit sie mehr glänzen. So sind wir beschäftigt, den Status quo aufrechtzuerhalten. Das kommt vielen mitunter als eine so elend lange Pflicht vor, dass man zum eher spielerischen und ganz eigenen Kürprogramm kaum noch kommt. Wie war das doch gleich mit all dem verlockenden Zauber? »Die Geister, die ich rief, die werd ich nicht mehr los.« Treffender geht's nimmer, Herr von Goethe.

Außerdem schaffen wir manches überhaupt nicht. Greifen wir eine unserer stolzen Zielvorstellungen heraus: So viele Jahre mit Bildung verbracht, verfangen wir uns in der Idee, jedes Problem ließe sich lösen, wenn wir nur unsere Wissenslücken schließen. Da uns durch die Technik übermenschlich viele Informationen und Erfahrungen zugänglich werden, schreiben wir unserem Wissen unbegrenzte Wachstumsmöglichkeiten zu.

Es lässt sich nicht abstreiten: Wir wollten es wissen. Vor allem, was gut und böse ist. Es erschien uns verlockend, auf niemanden angewiesen zu sein, der uns sagt, wo es langgeht. Doch wir brauchen je länger umso mehr Unterstützung. Und gerade an sehr bedeutenden Weggabelungen führen unsere Anstrengungen, immer noch mehr Fakten zu sammeln, erst recht zur Handlungsunfähigkeit.

Harte Einschränkungen können uns überall treffen. Es gibt Krankheiten, Behinderungen und viele andere Schicksalsschläge, die uns vor die Aufgabe stellen, uns mit ihnen zu versöhnen. Wer meint, dass dies ganz leicht und schnell geht – der muss wohl ein Außerirdischer sein.

31. Versöhnungsschritt: 31

Die Grenzen anerkennen

Probieren Sie einmal, mit wie viel Leichtigkeit Sie sich Folgendes sagen können:

- Mein Alltag wird mühsam bleiben – trotz aller Erleichterungen.

- Manche Anforderungen werden (hoffentlich nur ein wenig) über meine Kräfte gehen.
- Ich kann damit leben, dass die große Leichtigkeit ausbleibt. Und wenn mir danach ist, träume ich noch ein bisschen davon.
- Der ganz große Durch- und Überblick wird mir verwehrt bleiben.

B Das Gute an unseren Grenzen bedenken

Begrenzungen erleben wir recht unterschiedlich. Es gibt lebensfeindliche Grenzbefestigungen, bei denen es einzig um Machterhalt geht. Andere Grenzen stecken dagegen das Terrain unserer Lebenskreise gut ab. Sie geben uns Orientierung und schützen uns – sowohl vor Angriffen als auch vor den eigenen Übertretungen.

Natürlich gibt es Mühsames, das zum Himmel schreit – Extreme, die uns bis zum Äußersten belasten und auf Veränderung drängen: Mobbing am Arbeitsplatz oder die Vereinsamung am Schreibtisch. Monotonie oder ständige Veränderungen, die uns überfordern. Der Zeitdruck oder das öde Warten auf Kundschaft. Das Staubschlucken oder die Sterilität. Der Lärm oder bedrückende Geräuschlosigkeit ...

Doch deswegen ist Mühsal nicht grundsätzlich zu bekämpfen. Schließlich ist es gerade die Anstrengung, die uns die Früchte unserer Arbeit dann auch genießen lässt. So schmeckt uns das Essen besonders gut, wenn wir uns vorher angestrengt haben. Wenn wir das alles akzeptieren, können wir auf manche Mühe wie auf einen Begleiter schauen, der uns herausfordert und stärken will. Wenn wir dann wieder einmal ins Schwitzen kommen (und nicht der Angstschweiß dominiert), können wir das als etwas Wichtiges begrüßen. Und es könnte uns aufgehen, dass Mühe und Glück durchaus vereinbar sind. So wie es das Wort »müh-selig« schon andeutet.

Die eigenen Möglichkeiten zu überschätzen ist gefährlich. So muss z. B. unsere Wissbegierde immer wieder ausgebremst werden. Es ist sicherlich nützlich, sich selbst zu erforschen. Aber man kann sich mit den Fragen nach dem Warum und Woher auch verrückt machen. Manches darf im Dunkeln bleiben. Entscheidend ist nicht, was wir wissen, sondern was wir loszulassen wagen. Manche bislang unbewusste Zusammenhänge aufzudecken bringt uns auf dem Versöhnungsweg nicht zwangsläufig weiter.

Es scheint uns auch verlockend, den anderen zu ergründen. Wir erhoffen uns, ihn dadurch besser einschätzen und kontrollieren zu können. Doch gerade das schadet der Beziehung. Beispielsweise werde ich als Mann niemals ergründen, wie eine Frau denkt und fühlt. Nicht einmal im Hinblick auf meine eigene. Wenn man aber staunend vor dem Geheimnis des anderen stehen bleibt, entfaltet sich die bedingungslose Liebe. Man ist bereit, sich überraschen zu lassen. Und unser Gegenüber wird es uns danken, vor abschätzenden Blicken geschützt zu sein.

Erst recht muss uns Gott ein Rätsel bleiben. Sobald wir meinen, durch unser Wissen etwas von Gottes Handeln kontrollieren zu können, haben wir nicht mehr den lebendigen Gott vor Augen, sondern ein totes Abziehbild. Es mag dekorativ aussehen, doch wenn es ernst wird, erweist es sich als wirkungslos.

So lerne ich die Grenzen meines Wissens schätzen. Früher überkam mich manchmal der Frust, dass es mir einfach nicht gelingt, einen Wissensvorsprung herauszuarbeiten. Meine Erfahrung ist: Je mehr ich weiß, desto komplexer werden die gestellten Aufgaben. Wo immer ich etwas auf den Grund gehen möchte, führt mich das schon bald an meine Grenzen. Gut so. Denn das größte Hindernis für unser Wissen ist die Fantasie, schon Bescheid zu wissen. Denn dann frage ich nicht mehr, so dass jede Vorwärtsbewegung zum Stillstand kommt.

Wir verbrauchen viel Zeit und Energie, um uns Wissen anzueignen. Doch um deren Grenzen zu kennen, bedarf es weitaus größerer Qualitäten: Reife, Weisheit und das Vertrauen, dass das Erkannte vorläufig genügt.

So ist der Weisheit letzter Schluss die Quintessenz von Sokrates (dem vielleicht weisesten Philosophen des Altertums): »Ich weiß, dass ich nichts weiß.« Das gilt für alle Lebenszusammenhänge: Nur in sicheren Begrenzungen können wir uns sicher entfalten. Mögen die Mauern unseres Wohnraumes auch eng erscheinen – gerade sie ermöglichen es, uns einzurichten.

Wie bedeutungsvoll sind also unsere Grenzerfahrungen. Ich war gerade volljährig, als ich mir alleine für ein Wochenende ein Zimmer in den Bergen nahm, um einfach Zeit zum Nachdenken zu haben. Ich hatte den Kopf voller Ideen, die ich für wer weiß wie schlau hielt. Jedoch war das Aha-Erlebnis an sich, dass Gott mir ebenso sanft wie unmissverständlich klar machte: »Ohne mich kannst du nichts tun« (Johannes 15,6). Normalerweise halte ich Tage, an denen ich meine Grenzen deutlich spüre, nicht gerade für die herausragenden Highlights. Sie sind es dennoch. Problematisch sind die Zeiten, in denen ich mir sonst etwas einbilde. Letztlich doch wie Gott sein zu wollen – das ist die teuflische Falle an sich. Unsere ganze Tragik begann damit, dass den ersten Menschen die Sicht auf ihre Grenzen vernebelt wurde.

32. Versöhnungsschritt: 32

Gemütlichkeit innerhalb meiner Grenzen

Beobachten Sie, wie es Ihnen geht, wenn im Alltag etwas richtig mühsam wird. Könnten Sie das etwas gelassener sehen? Schauen Sie z. B. versöhnlich auf ihre Wissensgrenzen. Können Sie den folgenden Sätzen zustimmen:

- Mein Gegenüber wird mir immer ein Geheimnis bleiben. Würde sich dieses Verborgene (ganz) lüften, wäre es bald mit unserer Beziehung vorbei.

- Gottes Wesen und Handeln wird mich immer überraschen, weil seine Gedanken himmelhoch über meinen stehen (vgl. Jesaja 55,8) oder sehr viel mehr in die Tiefe gehen.
- Ich muss nicht alles über mich wissen. Nur dort ist etwas aufzudecken, wo ich zu Veränderungen bereit bin.
- Wirkliche Weisheit liegt darin, die Grenzen des Wissens scharf genug zu sehen.

C Das Unvollkommene begrüßen

Wie sollten wir nun bei Grenzerfahrungen reagieren?

Wir haben auch das Krumme gelten zu lassen. Aus der Silhouette der Marburger Altstadt ragt ein Kirchturm besonders heraus. Wer ein zweites Mal hinschaut, erkennt es: Der Turm ist schief. Es kursiert die Legende, dass sich der Bauherr damals von oben herunterstürzte, als er das Malheur gesehen hatte. So sind wir: Wir halten es nicht aus, dass das Aushängeschild unserer Anstrengungen nicht makellos in der Landschaft steht.

Wenn der Baumeister auch nur geahnt hätte, wie die Sache weitergeht – er hätte ausgesprochen fröhlich und entspannt in die Zukunft blicken können. Denn es ist eine nicht zu übersehende Realität: Der Turm steht und steht. 700 Jahre später ist mindestens einmal die Woche die Kirche brechend voll von Menschen, denen es wichtig ist, von Gott gestärkt zu werden. Dass der Turm schief ist, stört wahrlich niemanden.

Ohne aus der Stümperei eine Tugend zu machen – es gibt um uns herum Denkmäler, auf die wir schauen können, wenn etwas schief läuft. Wir werden erinnert, dass nicht nur das Geradlinige in dieser Welt seinen Platz hat. Wir müssen nicht alles zurechtrücken, und unsere Errungenschaften müssen auch nicht immer imposant in den Himmel ragen.

Glücklich ist, wer seine Grenzen bald wahrnehmen kann. Ich war im Teenageralter sehr stolz auf meinen Vater. Er war des Öfteren aufgrund seiner beruflichen Position in den Medien präsent. Dann machte er eine gesundheitliche Grenzerfahrung, die wir heute wahrscheinlich als Burnout bezeichnen würden. Und er hörte auf den Rat der Ärzte und stieg aus seiner Leitungs- und ganzen Berufstätigkeit aus. Höchstwahrscheinlich ist es vor allem diesem Umstand zu verdanken, dass er nun richtig alt werden darf. Heute bin ich auf etwas ganz anderes wesentlich stolzer als auf seinen beruflichen Erfolg: dass er die Kraft hatte, seinen Chefsessel loszulassen. Viele scheitern an dieser Aufgabe und halten lieber fest bis zum Herzinfarkt. Bedeutend schwerer und darum wichtiger als etwas zu erreichen, ist – es dann auch wieder freizugeben.

Freilich ist mir diese Neueinschätzung nicht flugs in der Hängematte gekommen. Heute denke ich groß von Menschen, die ihre Grenzen schätzen. Und die so sehr groß tun (und es ja nicht sein können), bedaure ich eher.

Wir können lernen, Grenzerfahrungen zu schätzen. Wenn uns etwas mehr Kraft als erwartet kostet, reagieren wir sehr erstaunt – obwohl uns eigentlich gerade nichts Verwunderliches widerfahren ist. Schließlich wollten wir ja etwas anpacken, das über unsere kleine Kraft hinausgeht. Zu welchen Einschätzungen gelangen wir nun?

Wir können uns darin verausgaben, das zu beklagen, uns anzuklagen und Reibungslosigkeit einzuklagen. Unsere Klagegesänge können viele Strophen haben. Wir können beim Weitermachen aber auch die Mühen akzeptieren. Als etwas, das Gewicht hat, uns Schweiß kosten darf und unser Leben bereichert.

Die Grenzlinien unseres Könnens und Wissens sind hilfreiche Absperrungen, um nicht in die Abgründe (unseres Größenwahns) zu fallen. In Norwegen ragt ein Felsplateau namens Prekestolen über einen Fjord. Das Besondere daran ist: Ein Schritt zu weit und man hätte fast 1000 Meter freien Fall vor sich. Es gibt an der Felskante keinerlei Geländer oder andere Schutzvorrichtungen. Ein Blick in die Tiefe war mir dort nur möglich, indem ich mich auf dem Bauch liegend an den Abgrund herantastete. So lernt man Absperrungen schätzen.

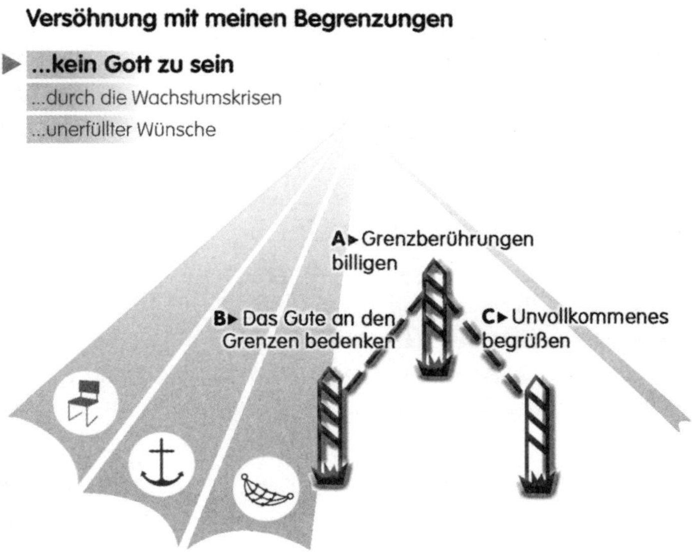

33. Versöhnungsschritt: 33

Einschränkungen feiern

Was erleben Sie als schief? Worüber ärgern Sie sich immer wieder?
Worin können Sie (einmal mehr) auf Vollkommenheit verzichten?

- Ich muss nicht alles haben oder beherrschen können, worüber andere verfügen.

- Ich muss mich nicht jedem Trend anpassen.
- Ich kann einen Fleck an der Kleidung oder Unkraut im Garten auch einmal in Ruhe lassen.

Können Sie hin und wieder diese Sätze sagen (als ein Eingeständnis zum Durchatmen)?

- Das kann ich nicht.
- Das weiß ich nicht.
- Das steht nicht in meiner Macht.
- Es reicht, auch wenn es nicht vollkommen ist.

Manchmal denkt man, Gott müsste einem in all den Widerständen des Lebens ein sichtbares Zeichen geben, das einem hilft. Aber dies ist eben sein Zeichen: dass er einen durchhalten und es wagen und dulden lässt.

Jochen Klepper

11. ... wer von den Wachstumschancen der Krisen weiß

Das Volk Israel saß in der Klemme: vor sich das unüberbrückbare Meer. An den Seiten Berge, die nur mit Flügeln zu überwinden waren. Und im Rücken das Heer der Ägypter, gegen die sie gar nicht erst anzutreten brauchten. Unsere Grenzkonfrontationen sind wahrscheinlich weniger spektakulär. Dennoch kann es uns bekannt vorkommen, in die Enge getrieben zu sein.

In unseren Krisen sind wir uns oft auch nicht sicher, wohin die Reise geht: ob wir darin auf- oder untergehen, ob wir etwas Wichtiges verlieren oder aber eine ganz neue Freiheit gewinnen können. Besonders belastend wird es, wenn wir keinen Schimmer vom Ende des Tunnels sehen. Dann kommen uns Zweifel, ob es vielleicht doch eine finstere Höhle ohne Ausgang ist, auf deren Ende wir bald und unweigerlich stoßen. Nicht selten bedrängen uns auch Einsamkeitsgefühle. Denn obwohl bestimmte Krisen jedem zustoßen, muss sie jeder für sich allein durchstehen.[11]

So suchen wir nach Erleichterung. Vielleicht erzählen wir einem vertrauten Menschen davon. Dabei hoffen wir, nicht zu sehr mit Ratschlägen belegt zu werden, die wir oft ohnehin nicht umsetzen können und die deswegen noch mehr Selbstvorwürfe hervorrufen.

Und wenn Gott uns schon die Krise nicht erspart – wie steht es mit ihm als Krisenbegleiter?

A Die Krisenserie anerkennen

In einer Predigtreihe hat man mir das Thema »Krisen« zugeteilt. Vermutlich gelte ich als Krisenexperte, da ich über die Burnout-Krise schon referiert, publiziert, promoviert habe. Die Basiskompetenz zum Mitreden liegt jedoch zweifellos darin, selbst schon welche erlebt und überlebt zu haben. Doch was soll daran das Besondere sein?!

Jeder Mensch ist ein Krisenexperte. Denn unsere entsprechenden Erfahrungen sind so mannigfaltig wie unumgänglich. Nehmen wir einmal die Krise, dass wegen Platzmangel kein weiteres Wachsen möglich ist. Zuerst passierte das in der frühesten Phase unserer Existenz: Im Mutterleib wurde es zu eng. Diese erste aller Drangsale hat uns dann doch bereit gemacht, den Ausgang zu passieren. Eine symbolträchtige Erfahrung für viele weitere.

Mögen wir Krisen auch als Zumutung empfinden – jeder Wachstumsschritt hin zum Erwachsenwerden ist mit einer Krise verknüpft. Auch nachdem wir fest genug auf eigenen Beinen stehen, reißt die Krisenserie nicht ab:

* Wer das Glück hat, Mutter oder Vater zu werden, darf diesen ganzen zeitweise krisengeschwängerten Prozess noch einmal etwas anders durchlaufen.

* Nur den wenigsten von uns wird es beschert sein, die gesamte Berufsbiografie hindurch ein und dieselbe Tätigkeit auszuüben. Es gibt Krisen, die uns bereit machen, Neues zu wagen und weiter zu lernen, um uns so um weitere wertvolle Erfahrungen zu bereichern.

* Und die Partnerschaft? Man hat mir einst erzählt, dass man miteinander glücklich wird, wenn man halt gut zueinander passt. Was für ein Ammenmärchen bzw. welch eine Hollywoodfantasie! Vieles ist unpassend und wird uns unpässlich. Im Eheversprechen ist ja auch von Krisen die Rede. Ich habe bei unserer Trauung nicht darauf geachtet, weil ich gerade nicht über »böse Tage« nachdenken wollte. Allerdings ist es ganz sicher in diesem Paket mit eingeschlossen. Und ebenso stimmt, dass eine Beziehung vor allem deshalb immer schöner werden kann, weil in Krisen das Vertrauen gestärkt wird und man sich so öffnet, wie man es in guten Tagen nie gewagt hätte.

Wir lernen am meisten in und durch Krisen. Nicht schmerzfrei, aber am intensivsten. Dieser Lernerfolg macht Krisen so unentbehrlich.

Ich kenne den Wunsch allzu gut, dass mein Leben weniger aufregend ist. Sprich: weniger von Krisen geschüttelt. Doch eigentlich will ich die damit verbundene Reduzierung nicht wirklich. Genau genommen bin ich den Herausforderungen nicht ausgewichen, als es möglich war. Niemals hätten wir uns sonst für fünf Pflegekinder entschieden. Ich wäre auch nicht angetreten, Menschen zu helfen, die Herausforderungen ihres Lebens anzunehmen. Es besteht kein Zweifel: Ich wollte immer etwas mehr, als mit Leichtigkeit möglich ist. Es ist gar nicht mein erklärtes Ziel, den Ball immer flach zu halten.

Ohne Krisen würden wir aus Bequemlichkeit (oder Feigheit?) manche wichtige Entscheidungen einfach nicht treffen. Deshalb sind sie der Humus für das Heranreifen und wichtiger als manche glänzenden Erfolge. So müssen wir unsere Energie nicht darin verschwenden, alle Krisen vermeiden zu wollen. Krisen versalzen uns nicht das Leben, sondern geben unseren Jahren einen kräftigen Geschmack.

Und auch wenn wir anderen helfen wollen, ist nicht unser oberstes Ziel, dass sie krisenfrei durchs Leben kommen. So heißt pädagogisch zu handeln, immer wieder kleine Krisen zu produzieren. Nur indem man ein Stück loslässt und sich zurückzieht, wird das Kind bereit, selbstständig eine Aufgabe zu lösen. Dadurch konnten unsere Kinder das Fahrradfahren und viele weitaus kompliziertere Sachen lernen.

34. Versöhnungsschritt: 34

Ein Ja zur Krise

Nehmen Sie sich einmal Zeit, um über folgende Fragen nachzudenken:

- Welche Krisen habe ich schon erlebt? Bin ich daran gewachsen?
- In welchen Krisen konnte ich keinen positiven Lerneffekt sehen?
- In welchen Krisen stecke ich momentan?
- Welchen Ausgang erwarte ich?
- Was könnte mir helfen, diese Krise durchzustehen?

B Darüber hinausschauen

Krisen sind Grenzerfahrungen. Das Volk Israel stiefelte durch die Wüste. Endlich – nach einigen Zickzackkurven – war nach ungefähr zwei Jahren das von Gott versprochene Land in Sicht. Nun wurden zwölf handverlesene Kundschafter ausgesandt, um das Ersehnte zu besichtigen. Es war genauso üppig, wie Gott es beschrieben hatte. Das absolute Kontrastprogramm zur Wüste, in der sie nur durch Speicheln des Mannas überleben konnten. Die Kundschafter brachten imposante Kostproben einer unglaublichen Üppigkeit zurück. Allerdings lebte dort ein starkes, militärisch schlagkräftiges Volk.

Als die zwölf Bericht erstatteten, hatten sie sich ein klares Urteil gebildet. Allerdings kein einheitliches. Zehn – also die absolute Mehrheit – waren auf dem Panikmache-Trip. Sie sagten dem Volk: Vergesst es. Gegen die sind wir Gartenzwerge. Und wie das unter dem Diktat der Angst so ist, werden die Argumente widersinnig. Sie behaupten: »Das Land (...) frisst seine Bewohner« (4. Mose 13,32). Als ob so etwas ein Volk stärken würde.

Dabei hatte Gott es ihnen nie verschwiegen, dass das verheißene Land durchaus nicht unbewohnt ist. Schon bei der Berufung des Mose werden die dort wohnenden Völker zweimal aufgezählt (2. Mose 3,8.17). So hat uns Gott nie ein Leben ohne Widerstände versprochen. Das allerdings hält uns nicht davon ab, sehr erschrocken zu reagieren, wenn Schwierigkeiten auftauchen. Nur Josua und Kaleb sehen, dass sie Gott auf ihrer Seite haben – und gegen ihn die zu überwindenden Streitkräfte nur Pappnasen sind. Ein und dasselbe Bild und doch ganz unterschiedliche Schlussfolgerungen.

Entscheidend ist nicht, was sich vor uns auftut, sondern durch welche Brille wir schauen. Welche der beiden Gruppen hat Recht? Beide. Denn es kommt ganz darauf an, wie man es sieht, ob das Glas halb leer oder halb voll ist. Das ist ständig unsere Geschichte: Zwei Menschen schauen durchs Gitter in die Ferne – der eine sieht Morast, der andere Sterne ...

Aber so beliebig ist das nicht. Schließlich kommt es zu schicksalhaften Ergebnissen: Weiter an den Grenzen unserer Sehnsüchte patrouillieren und die Wüste des Selbstmitleides abschreiten, bis man selbst nur noch auf die nachfolgende Generation hoffen kann. Oder die Grenze überschreiten.

Das Bedrückendste an einer Krise ist ja die Angst, aus diesem Zustand niemals wieder herauszukommen. Dann ist es Erleichterung pur, wenn uns jemand mit Autorität sagen kann: Es gibt noch etwas anderes als diese düstere Gegenwart. Es hängt also alles davon ab, wie weit wir über unsere Angst hinausschauen können.

Wie gelingt das – zumal wir in einer Krise so sehr mit der Bedrohung beschäftigt sind?

Zuerst gilt es immer aufzuschauen. Hätten die Israeliten Gott um ein Zeichen seines Beistandes gebeten, wäre ihnen das sicher gewährt worden. Sie zogen es aber vor, in ein so lautes Klagegeschrei auszubrechen, dass gar nichts anderes mehr hätte gehört werden können.

Gott setzt uns Zeichen, auch wenn wir ihn nicht ausdrücklich darum bitten. Neulich hatte ich ein Seminar mit einer Großgruppe von Pastoren und Gemeindeleitern durchzuführen. Drei Tage vorher beraubte mich ein Computerwurm (scheinbar endgültig) meiner Unterlagen. Es tauchte die altvertraute Angst auf, den Erwartungen nicht gerecht zu werden. In der Nacht hatte ich einen Traum: Ich frage jemanden, wie es weitergehen soll. Dieser lädt mich zu einer Motorradfahrt ein. Und ich bin skeptisch, weil mir das Ganze zu waghalsig erscheint. Mein Gegenüber sagt mir: Mach dir keine Sorgen. Setz du dich vorne drauf. Ich werde mich hinter dich setzen und das Motorrad lenken. Als ich aufwachte, dachte ich: Wer mich Ein-Meter-neunzig-Mann vor sich nimmt und dann noch lenken kann, muss sehr lange Arme haben. Und ich fühlte mich gleich sehr aufgehoben. So führt Gott uns auch durch die vergleichsweise ganz harmlosen Krisen hindurch, so dass wir daran wachsen können.

Auch ein Blick zur Seite kann ermutigen. Die klagenden Israeliten wollten nicht mehr sehen, welche Kraft im Zusammenstehen steckt.

In den USA werden Wettbewerbe im Gewichtziehen durchgeführt, genannt Draft Horse Pulling. Dabei zieht ein Pferd eine große Last über eine bestimmte Entfernung. Dazu wusste jemand zu erzählen: Als man zwei Pferde einspannte, schafften sie nicht die doppelte, sondern die dreifache Last. Dann wurden drei Pferde eingespannt, und sie zogen die zehnfache Last.[12] Die Bibel weiß auch von einer Potenzierung der Tragfähigkeit: »Einer mag überwältigt werden, aber zwei können widerstehen, und eine dreifache Schnur reißt nicht leicht entzwei« (Prediger 4,12).

Manchmal nehmen wir es als zu selbstverständlich hin, in einem Netzwerk gegenseitiger Unterstützung zu stehen. Ich habe mich neulich bei einem Sturz verletzt. Als ich auf dem Behandlungstisch eines erfahrenen Physiotherapeuten lag, ging ich dem Gedanken nach: Wie froh kann ich sein, dass sich jemand darum kümmert, meine Beschwerden zu lindern.

Das Zurückschauen auf gute Tage stärkt. Im Allgemeinen schweifen wir mit unseren Gedanken häufig in die Vergangenheit oder Zukunft ab und tun uns schwer, ganz in der Gegenwart zu leben. Sitzen wir allerdings tief im Schlamassel, sind wir ganz bei dem gegenwärtigen Problem und haben Schwierigkeiten, darüber hinauszuschauen. Dabei könnte es uns jetzt gerade weiterhelfen, die momentane Krisensituation als das anzusehen, was sie ist: eine Etappe in einer Entwicklung, in der etwas gerade besonders stark wächst.

Haben wir z. B. Erziehungsprobleme, können wir uns an das Einssein mit unserem Kind in den ersten Lebensmonaten erinnern. Nach der Geburt war die Freude trotz mancher Beschwerlichkeiten und kleinerer Komplikationen riesengroß. Es gab Verdauungsstörungen, arge Einschränkungen unseres Schlafs etc. Aber von Krisen mochte niemand sprechen. Nur von Hoffnungen, guten Wünschen und von einem sprachlosen Beglücktsein angesichts eines Babylächelns.

Auch in unseren Beziehungen hat alles grandios begonnen. Das

Fotografieren wirkt am Tag der Hochzeit lästig. Doch man will nicht nur für die anderen, sondern auch für sich selbst etwas festhalten. Auch für die Tage ohne Glamour. Mir hat einmal jemand in der Eheberatung erzählt, dass er in der Krise seine Hochzeitsbilder zerrissen hat. Er leugnet damit letztlich, dass es das alles gegeben hat: Angezogensein, Verliebtheit, große Hoffnungen und viele gute Wünsche.

Auch auf andere – möglicherweise von einer Krise begleitete – Vorhaben lässt sich das übertragen. Der Beginn einer beruflichen Tätigkeit, die Gründung einer Gemeinde oder eines Unternehmens – all dies ist von Entschlossenheit und Motivation geprägt. Es gehört ganz wesentlich zur Kultur im Volk Israel, immer wieder auf einen großen Beginn zu schauen, z. B. im Passahfest, das an die Befreiung aus Ägypten erinnert. Im Neuen Bund ist die Taufe so ein Festpunkt eines guten Anfangs.

Nach vorne zu schauen ist das Wichtigste. So wenig wir das in der Krise auch sehen können – eine Krise stärkt Zukunftsperspektiven. Nun ist sehr viel in Bewegung. Veränderungen bahnen sich an. Sobald wir über die momentanen Schwierigkeiten etwas hinausschauen, werden wir entdecken, dass in dieser Entwicklung Wachstumschancen liegen. Jede überstandene Krise hat uns zweifellos weitergebracht.

Wir lassen uns oft so von unseren Problemen blenden, so dass wir nichts anderes mehr sehen. Wir sind dann blind für all die Möglichkeiten, die auf uns warten. Außerdem frage ich mich manchmal, warum in meinem Alltag (mit und ohne Krise) die Freude auf die neue Erde, die Gott für uns vorbereitet hat, so wenig Platz hat.

Wie das Vorwärts- und Zurückschauen durchtragen kann, habe ich einmal mit einem unserer Pflegekinder erlebt, als es in den Stürmen der Pubertät sehr schwierig wurde. Es hat mir in dieser Zeit sehr geholfen, mich an die Zeit zu erinnern, in der unser Verhältnis von Leichtigkeit geprägt war. Und ich malte mir gerade in dieser Zeit gestörter bis unterbrochener Kommunikation aus, welche Vision ich für den weiteren Weg dieses Heranwachsenden hatte. Wie unser Pflegekind seinen eigenen Weg findet. Vielleicht nicht so geradlinig, wie ich mir das vorstellte. Aber doch so, wie es dann letztlich gut sein darf.

35. Versöhnungsschritt: 35

Der Rundumblick in der Krise

Denken Sie an eine persönliche Krise, die Ihnen momentan am nächsten steht, und schauen Sie in diese vier Richtungen:

- Nach oben: Traue ich Gott zu, mir ein Zeichen für seinen Beistand zu geben?
- Zur Seite: Welche Menschen sind einfach da, wenn es mir schlecht geht?
- Nach hinten: In welche Entwicklung gehört diese Krise? Gibt es Erinnerungen an einen guten Anfang?
- Nach vorne: Welche Perspektiven gibt es? Wie viel Raum gebe ich den guten Hoffnungen in meiner Gedanken- und Gefühlswelt?

C Durch Loben überwinden

Das Leben bietet Schlüsselerlebnisse, um in der Krise einen Ausweg zu erkennen. Vor etwa 13 Jahren hielt ich eine Bibelstunde über Dankbarkeit. Ich wies dabei auch auf die Meisterschaft in dieser Disziplin hin, die uns in den Paulusbriefen genannt wird. Sie besteht in der grundsätzlichen Bereitschaft, für alles dankbar sein zu können – auch für etwas, das man als Zumutung empfindet (z. B. Epheser 5,20: »Sagt Dank Gott, dem Vater, allezeit für alles.«). Da klingelte es bei mir. Ich fühlte mich von Gott angesprochen: Gut zitiert, Dietmar, doch wie sieht es nun konkret bei dir aus? Unter den Dingen, die ich nicht akzeptieren und für die ich schon gar nicht dankbar sein konnte, fiel eine Sache besonders ins Blickfeld: unsere Kinderlosigkeit, die wir als einen Schatten über unserer damals achtjährigen Ehe empfanden.

An diesem Tag war ich bereit zu reagieren und sagte Gott: Ich weiß immer noch nicht, was du dir dabei gedacht hast, aber ich probiere einfach einmal eine neue Position aus. Ich fange jetzt an, für unsere Kinderlosigkeit zu danken.

Es vergingen gerade einmal drei Tage, da rief eine Freundin an, dass ihre drei Nichten und Neffen (8, 7 und 5 Jahre) quasi verwaist seien und ein neues Zuhause bräuchten. Meine spontane Reaktion war, an die Adresse Gottes zu melden: Stopp. So war das nicht gemeint. Und überhaupt ist so etwas zu heftig.

Wir haben uns dann für die drei Kinder entschieden und drei Jahre später – auf den Geschmack gekommen – für weitere zwei. Und sie sind zu unserer wertvollsten Aufgabe geworden, an der wir am meisten wachsen.

Im Loben steckt eine ungeahnte Kraft. Paulus und Silas wirkten in Philippi. Als sie einen Wahrsagegeist unschädlich machten, traf das einige Herren an einer empfindlichen Stelle: ihrem prall gefüllten Portemonnaie. Sie denunzierten die beiden Gotteskämpfer und bewirkten, dass sie hart ausgepeitscht und inhaftiert wurden.

Einige Stunden später – um Mitternacht – war der Durchbruch geschafft (Apostelgeschichte 16,25). Nicht durch die Gefängnismauern, sondern durch den Ärger über die grobe Behandlung sowie die äußerst miserable und einengende Unterbringung. Ausdruck dieser inneren Veränderung war ihr Lobgesang. Daraufhin überstürzten sich die Ereignisse und alles drehte sich. Die ganze Sicherheit des Gefängnisses wurde durch ein Erdbeben zu einem Witz. Fesseln fielen ab, Türen sprangen auf.

Und dem Gefängnisaufseher wurde klar: Ich habe hier zwei Inhaftierte, die sind auch im Gefangenenblock freier, als ich es jemals war. Er fiel den abgerissenen Inhaftierten zitternd vor die Füße und sprach sie ehrfurchtsvoll mit »Liebe Herren« an, um von ihnen Weisung entgegenzunehmen.

Da steckten Paulus und Silas bewegungsunfähig und mit schmerzenden Gliedern tief in der Krise. Und was tun sie? Sie loben Gott. Es war nicht abzusehen, dass sich die Krise auf diese Weise überwinden lässt. Und doch war es das Entscheidende. Es löste die inneren Fesseln, so dass die am Körper nicht mehr so schwerwiegend waren.

Aber Moment mal: Wenn wir uns durchringen, Gott auch in einer Krise zu loben, dann passiert deswegen nicht gleich ein Erdbeben. Wäre wohl auch übertrieben. Die Antwort kommt selten so prompt. Doch welche Fesseln sich lösen und welche Türen aufspringen, wenn sich in uns etwas gelöst hat – das käme schon mal auf einen Versuch an.

Selbst wenn es nicht ein paar Stunden, sondern einige Jahre dauert – es kommt darauf an, dass wir überhaupt jemals zu diesem Lob Gottes hindurchfinden. Und wenn wir uns noch etwas wünschen dürfen, dann bitte, dass der Weg aus dem Groll in das Vertrauen nicht so übermäßig lang ist.

Vorstufen des Lobens sind auch in der Krise schon sehr nützlich. Beispielsweise ist der Humor eine hervorragende Waffe gegen missliebige Lebensumstände. Weil wir sehen können, wie wenig Bestand die hässlichen Mauern haben werden, die uns im Moment noch umgeben. Deshalb lachen wir sie schon mal aus. Wir müssen jetzt gar nicht triumphieren und können trotzdem über sie hinausblicken.

Oder: Sobald ich mich nicht mehr verbiestere, dass alles gefälligst reibungslos abzulaufen hat, lockert mich das auf. Ich kann zwar Gott (noch längst) nicht deswegen loben, aber Wut und Enttäuschung nehmen bereits ab.

Versöhnung mit meinen Begrenzungen

...kein Gott zu sein

▶ **...durch die Wachstumskrisen**

...unerfüllter Wünsche

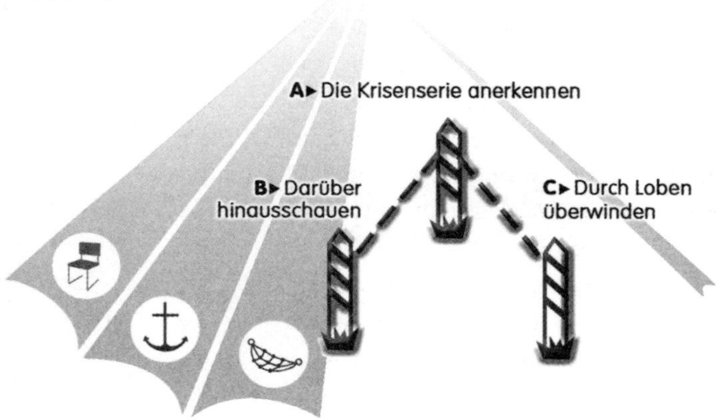

36. Versöhnungsschritt: 36

Der Weg zum Lob

Wie können Sie dem Lob in Krisen den Weg ebnen?

- Legen Sie sich in guten Zeiten Lob- und Danklieder sowie ermutigende Texte zurecht, um in schlechten Zeiten darauf zurückgreifen zu können.
- Geben Sie dem Humor Raum!
- Seien Sie offen dafür, dass die Dinge im Einzelnen auch einmal etwas anders ablaufen.

Können Sie Schwierigkeiten mit etwas mehr Abstand entgegentreten? So wie in einem Schauspiel, das man mit Spannung verfolgt – und doch mit Abstand, weil jemand anderes die Fäden in der Hand hält. Führen Sie sich vor Augen, weshalb es hier nicht um Sein oder Nichtsein geht.

Glück bedeutet nicht, das zu kriegen, was wir wollen, sondern das zu wollen, was wir kriegen.
Heiko Ernst

12. ... wer auf den letzten großen Wunsch auch verzichten kann

Es bleiben Wünsche offen. Zum einen diejenigen, deren Erfüllung uns schlecht bekommen würde. Wie damals, als sich das Volk Israel eine ordentliche Fleischbeilage zum Manna wünschte und dem Tischleindeckdich die Magenverrenkung folgte. Aber auch einige der großen Wünsche bleiben unerfüllt, an denen wir nun wirklich nichts Abwegiges erkennen können. Wenn ein Ziel nicht erreicht wird, muss deshalb nichts an ihm verkehrt sein. Darin geht es selbst Gott nicht anders. Er will alle Menschen erretten (1. Timotheus 2,4) und wird es doch nicht können. Wenn wir etwas nicht erreichen, ist nicht immer die richtige Frage, was wir falsch gemacht haben. Und auch von anderen brauchen wir uns nicht betrogen zu fühlen.

A Das Unerfüllbare akzeptieren

Man mag der Bibel manches vorwerfen, wenn man es unbedingt will. Aber dass sie in der Beschreibung der Gottesmänner und -frauen irgendwelche Begrenzungen und Fehler retuschieren würde, ist dann doch zu abwegig. Nach all den bereits passierten Grenzpfählen darf Mose am Ende seiner Wanderschaft den Weg nicht vollenden.

Aus der Traum. Der große Mose kam nicht hinein ins Gelobte Land. Selbst bei ihm reichte das Vertrauen nicht. Damit sind alle Unterschiede zwischen großem Gottesmenschen und kleinem Mitläufer ein weiteres Mal zerkrümelt.

Was war passiert? Mose hatte gelernt, dass er sich bei der Wüstenwanderung der Israeliten völlig auf Gott verlassen sollte. Es kam darauf an, auf Gott zu warten. Nur einmal verleitete ihn die Angst, vor dem Volk vorzupreschen. Ihm dauerte es zu lange, bis Gott endlich einschritt – und darum wollte er nachhelfen. Voller Eifer schlug Mose gegen einen Felsen, um per Wunder dem Volk das Überleben zu sichern. Aber damit haute er voll daneben. Dass damit seine Eintrittskarte ins verheißene Land verfiel, passt uns vielleicht nicht. Wird hier Mose nicht zu hart bestraft? Doch was soll's. Uns tun sowieso häufig die Falschen Leid. Gott nimmt ihn gleich in sein Reich. Dort sind ohnehin alle menschlichen Pläne Makulatur – mögen wir noch so lange vor ihnen gesessen haben.

Schon einmal war Mose das eigentlich Große versagt geblieben. Er war ja so etwas wie ein Freund Gottes. Immerhin heißt es, dass sie freundschaftlich miteinander sprechen konnten (2. Mose 33,11). Mose war ganz offen für das, was Gott bewegt. Und Gott wusste das zu schätzen. Da sollte Mose doch auch einmal einen Extrawunsch äußern dürfen. Und doch bleibt selbst für ihn in der Begegnung mit Gott etwas unerfüllt. Mose will Gottes Herrlichkeit sehen. Genau die geht an Mose vorüber, so dass er Gottes Größe hinterher sehen kann (2. Mose 33,18-23). Mehr ist uns Menschen keinesfalls gegeben. Wir können nicht die Schaltstelle sehen, in der alle Fäden unseres Lebens zusammenlaufen. Um Gott ins Gesicht zu schauen, muss man alles loslassen können. Nach dem, was wir aus der Bibel hören, auch das Leben selbst.

Irgendein großer Wunsch bleibt immer offen. Für uns alle. Was uns alles versagt bleiben kann, ist in unseren Beziehungen am auffälligsten. Mancher hat keinen Partner, manche Paare haben keine Kinder. Manchen Eltern geht nicht in Erfüllung, dass die Kinder ihre Träume leben. Und wer tatsächlich so etwas wie Bilderbuchkinder hat, vermisst von ihnen Dankbarkeit oder was auch immer. Die Liste der erfahrenen Defizite ließe sich unerbittlich fortsetzen. In wohl allen Beziehungen bleibt irgendeine Facette des Einsseins unerfüllt. Es werden immer weiße Flecken auf der Landkarte des Verstehens und Begegnens bleiben. Und auch darüber hinaus kann es sensible, schmerzhafte Stellen in unserer Lebensgeschichte geben, die uns wie vermint vorkommen und an die wir lieber gar nicht erst rühren.

Als wir neulich unsere Pflegetochter und ihren Mann mit ihrem neugeborenen Sohn besuchten, dachte ich: Da fehlt uns eine wertvolle Erfahrung. Die ersten vier Lebensjahre haben wir bei unseren Pflegekindern nicht erlebt. Wir werden dieses Elternglück nicht mehr erfahren. Glücklicherweise konnte ich gleich einen weiteren Gedanken nachschieben: Man kann schließlich nicht alles haben. Niemand.

Ich werde nicht all die Erfahrungen in mein kleines Leben hineinbekommen, die mir wert scheinen, erlebt zu werden. Niemals werden meine Kapazitäten dafür ausreichen. Manches (oder auch vieles) werden wir anderen überlassen. Wenn ich dem zustimme, kann ich Gott für das danken, was er mir geschenkt hat, und bald sogar für das, was er mir nicht geschenkt hat. Weil es mich überfordert hätte, wenn all meine Wünsche in Erfüllung gegangen wären.

37. Versöhnungsschritt: 37

Sich der maßlosen Wünsche erwehren

Lassen Sie folgende Aussage auf sich wirken: Es gibt zwei Katastrophen für uns Menschen: Die eine ist, dass unsere Wünsche nicht in Erfüllung gehen; die andere, dass sie in Erfüllung gehen.
Überzogen? Vielleicht. Aber überlegen Sie, wo es Ihnen gut getan hat, dass ein großer Wunsch nicht in Erfüllung gegangen ist.

B Sich nicht benachteiligt fühlen

Nicht die Einschränkung an sich macht uns unglücklich. Gewiss: Wir haben lange auf ein klar fixiertes Ziel zugesteuert. Für manchen kräftezehrenden Schritt waren wir nur noch motiviert, wenn wir daran dachten, wie sehr wir im »verheißenen Land« entschädigt werden. Und nun dies. Vorfreude ist die schönste Freude. Und eine Farce, weil es die einzige bleibt.

Ist die beständigste Größe unseres Lebens letztlich doch, von Enttäuschungen gebeutelt zu werden? Es war uns doch zugesagt. Oder etwa nicht?!

Es gibt Katastrophen, die uns erschrocken und sprachlos zurücklassen. Doch immer wieder kann auch etwas unerwartet Gutes herauskommen. Wissenschaftler, die das Glücklichsein erforschen – die Happyologen –, warten mit einem verblüffenden Untersuchungsergebnis auf: Menschen, die einen schweren Schicksalsschlag wie Erblindung oder Querschnittslähmung erlitten haben und nun die erforderliche Trauerarbeit leisten, sind danach nicht unglücklicher als Nichtbehinderte. Viele bezeichnen sich sogar ausdrücklich als glücklicher.[13] Womöglich können sie nun ihre verbliebenen Möglichkeiten mehr schätzen als in einer Sattheit, die alles für selbstverständlich erachtet. Traut man sich an versehrte

Menschen näher heran, kann man manchmal von ihrer Fröhlichkeit überrascht werden.

Als ganz junger Pastor besuchte ich eine 80-jährige blinde Frau. Diese Frau strahlte eine Dankbarkeit aus, die ich irgendwie nicht fassen konnte. Das brachte mein Weltbild vom Glück der Menschen durcheinander. Diese Irritation wiederholte sich immer wieder. Und das ist auch gut so. Denn wir kapieren das nicht so schnell.

Manchen Verlust (z. B. an Gesundheit) erachten wir als die rote Karte auf dem Spielfeld des Glücks. Doch niemand ist wirklich ausgeschlossen – es sei denn, man hat sich darin festgelegt, nur noch Rot zu sehen.

Manches in unserem Leben bekommen wir nicht wie bestellt. Beispielsweise wollen manche Karriere machen und bekommen eine große Familie. Und manche, die beruflich erfolgreich sind, wollen nichts als die Geborgenheit in Partner- und Elternschaft. Wenn es jedoch zu einer Übereinstimmung kommt und man erfolgreich anpacken kann, was man (schon immer) von Herzen wollte – was für ein Glück ist das. Nur eines verschafft noch eine größere Sicherheit und einen tieferen Frieden: auch den nicht zu vermeidenden Einschränkungen zustimmen zu können.

Wenn ich anerkenne, etwas nicht zu bekommen, fehlt es mir immer weniger. Wenn wir eine Grenze akzeptieren, sind wir nicht mehr begrenzt. Wir haben auf einmal viel mehr Handlungsmöglichkeiten, als immer nur gegen diese Wand zu rennen. Es ergeben sich ganz neue Bewegungsspielräume.

Blockierend wirkt vor allem das Gefühl, benachteiligt zu sein. Meine Frau und ich skateten neulich an einer Koppel vorbei, auf der ein Pferd und ein Esel grasten. Ich fragte: »Ob sich der Esel wohl von seinem Schöpfer benachteiligt fühlt, wenn er sich neben dem Pferd sieht?« »Ach wo«, antwortete meine Frau. »Sie stehen auf der gleichen Wiese, haben das gleiche saftige Gras zum Fressen. Und der Esel wird doch nicht so dumm sein, so voller Selbstmitleid auf seine Nachbarn zu schauen, wie wir Menschen es ständig tun.«

Die Fantasie, ein besonders schweres Los gezogen zu haben, kann uns unglücklich machen. Wie sehr lassen wir uns bei diesem Vergleichen blenden und sehen die Einschränkungen der anderen nicht. Auch diejenigen, die mehr in der Sonne des Erfolges stehen, haben Minderwertigkeitsgefühle. Auch wer immer Menschen um sich haben kann, fühlt sich manchmal schrecklich einsam. Auch Menschen mit viel Einfluss auf andere erleben sich (vielleicht gerade deshalb) als sehr machtlos.

38. Versöhnungsschritt: 38

Wohltuende Einschränkungen

»Wenn wir eine Einschränkung akzeptieren, fühlen wir uns viel weniger eingeschränkt.« Können Sie diesen Satz bestätigen?
Haben Sie schon erlebt, dass eine Einschränkung in Ihrem Leben Sie für das dennoch Vorhandene dankbarer gemacht hat? Oder haben Sie das bei anderen beobachtet? Vermutlich fällt Ihnen nicht gleich etwas ein. Aber »kramen« Sie doch mal in Ihrem Gedächtnis.

C Allem seine Zeit lassen

Die Israeliten hatten etwas bekommen, was in unserer Gesellschaft als große Mangelware gilt. Wenn wir jedoch viel davon haben, wollen wir es gleich wieder totschlagen: die Zeit.

40 Minuten auf irgendetwas warten zu müssen, erscheint heute oft als inakzeptable Zumutung. Und wenn wir noch länger handlungsunfähig sind, werden wir ungemütlich. Was es allerdings heißt, 40 Jahre durch die Wüste zu wandern, lässt sich in das Turbo-Tempo unserer Zeit überhaupt nicht mehr einpassen.

Ja, wenn wir unendlich Zeit hätten, wäre alles Frustrierende ein Zwischenspiel, das wir nicht so ernst zu nehmen bräuchten. Wir könnten uns viel von unserem Aufstand sparen. Doch genau diese unbegrenzte Zeit haben wir nicht.

Wie sehr wir uns gegen das Vergehen der Zeit auflehnen, wird an unserem Verhältnis zum Älterwerden deutlich. Selbst Artikel, die größtenteils von älteren Menschen gekauft werden (wie z. B. Kompressionsstrümpfe), werden oft von 25-Jährigen angepriesen. Die meiste Zeit unseres Lebens verbringen wir jenseits des Zeitpunktes, an dem wir noch als Vorzeigemensch gefragt sind. Wer sich an dem Ideal ewiger und vollkommener Jugend und Schönheit festbeißt, könnte an seinem Spiegel die Bildunterschrift »Verlierer« zumindest schon mal vorinstallieren.

Jeder Verlust hat einen Ausgleich, der uns zur Verfügung steht, wenn wir Trotz und Trauer hinter uns gelassen haben. Was gibt es mit fortschreitenden Jahren zu gewinnen? Es ist die Gelassenheit, die uns für den Verlust der jugendlichen Attraktivität und Vitalität mehr als entschädigen kann. Wir werden fähig, mit dem Gegebenen zufrieden zu sein. Man muss nicht mehr alles Mögliche beweisen, weil es längst feststeht. Man lehnt sich nicht mehr dagegen auf, dass alles seine Zeit hat. Solche Lektionen lernt man im Alter besonders gut. Wenn wir diese Lernschritte tatsächlich machen, wird vieles leichter.

Auch das Reiferwerden dauert. Das beklagen wir oft. Unser Leben wird immer schneller, komplizierter und anscheinend bedrohter. Darum steigen die Anforderungen. Also müssen wir wachsen, um dem gewachsen und nicht immer gestresster und unglücklicher zu sein.

Nichts leichter als das, dachte ich manchmal. Wir haben doch so viele Möglichkeiten. Wenn ich eine beeindruckende Methode zur Linderung von seelischen Verletzungen kennen gelernt hatte, geriet ich kurzzeitig in eine Euphorie: Jetzt beginnt eine neue Lebensqualität! Doch die Realität ist: Es sind viele sehr wirkungsvolle Schritte möglich. Aber es geht nur in einem bestimmten Tempo, eben im Schritttempo. Es gibt keine Expressverbindung zur geistlichen Reinheit und psychischen Unbeschwertheit. Sobald Veränderungen zu schnell gehen, taucht die Angst auf, die dann so gehörig bremsen kann, dass erst einmal gar nichts mehr geht.

Es mag uns immer noch nicht einleuchten, dass Gott mit Mose in Zeitintervallen von 40 Jahren arbeitet. Doch für manche Wachstumsprozesse gibt es nur zwei Geschwindigkeitsstufen: langsam und sehr langsam.

In den letzten Jahren konnte ich sehr viel an mir arbeiten. So dachte ich mir: Je mehr ich mich mit all den Stressfallen und deren Hintergründen beschäftige, desto mehr müsste sich doch dieser Reifungsprozess immer weiter beschleunigen lassen. Doch es gibt für unser Wachstum so etwas wie eine Geschwindigkeitsbegrenzung, die sich nicht überschreiten lässt. So wartet mancher Wachstumsschritt noch auf seine Vollendung. Auch wenn ich das Ziel schon im Blick habe, ist nur eine begrenzte Zahl von Baustellen gleichzeitig möglich. Sonst wird der Verkehr des Tagesgeschäftes zu stark beeinträchtigt. Ich muss einen Schritt nach dem anderen in dem mir möglichen Tempo nehmen. Ich brauche noch manche vertrauten Pisten. Auch wenn recht verschlissene darunter sind. Manchmal sind mir die vertrauten alten Wegstrecken doch noch ein bisschen lieber als die glänzenden neuen.

Es gibt eine geradezu rettende heilige Unruhe, die uns aus Lethargie und Gleichgültigkeit heraushilft. Wer nicht mehr an seinen Erfahrungen wachsen will, hat sich im Grunde für das Sterben entschieden. Doch jedes Wachsen hat seinen eigenen Rhythmus. Wir werden nicht das Diktat unserer Ungeduld durchdrücken können. Für unser Heranreifen gibt es keinen Fahrstuhl. Wir haben schon die Treppe Stufe für Stufe zu nehmen. So ist der Versöhnungsprozess meist länger als vermutet und unterwirft sich nicht unserem Zeitdiktat.

Manchen Reifungsschritt werden wir nicht vollenden können. Dafür reicht unsere Lebensspanne nicht aus. Und überhaupt ist es abwegig zu glauben, wir könnten ein Leben ganz ohne seelische Tiefdruckzonen führen.

> In einem Roman von Bo Giertz findet sich die Gleichnisgeschichte eines Mannes, der das Land um sein neues Haus herum von Steinen bereinigen will. Doch je sorgfältiger und tiefer er pflügt, desto mehr Steine kommen zutage. Eines Tages stößt er auf einen großen Stein, der sich nicht aus dem Boden entfernen lässt, so sehr er sich auch bemüht. Schließlich muss er feststellen, dass es sich um die Spitze einer Felsplatte handelt, auf der sein ganzer Acker liegt.[14]

Es ist gut zu wissen, woran wir uns vergeblich abarbeiten. Immer wieder werden Ängste in mir aufsteigen, die im Misstrauen wurzeln. Ich werde weiterhin mehr als eigentlich nötig von Anerkennung und Wertschätzung abhängig sein. Es wird mit meiner Geduld immer wieder nicht besonders weit her sein.

Auch das Versöhntsein wird nicht einfach und billig zu haben sein – auch wenn man es noch so klug anstellt. Ich werde mich nicht vollständig in alle Richtungen versöhnen können. Dafür gibt es keine Waschstraße, in die man nur hineinfahren muss.

Dennoch ist es gut, solch ein hehres Ziel vor Augen zu haben. Einmal, wenn ich Gott von Angesicht zu Angesicht sehen werde, wird nichts mehr von all dem inneren Aufruhr nötig sein. Doch keine meiner Anstrengungen kann das vorwegnehmen. Keine noch so gründliche Feldbereinigung erspart mir die Erfahrung, dass wieder neue (Stolper-)Steine ans Tageslicht kommen.

Wo wir nicht wachsen können – weil die Angst zu groß ist –, bleibt uns immerhin, unsere Leidensfähigkeit zu erhöhen. Bei alledem haben wir die Wahrheit im Rücken, dass Gott unsere Begrenzungen besser versteht und akzeptiert als wir selbst (vgl. 1. Johannes 3,20).

39. Versöhnungsschritt: 39

Auch die Versöhnung selbst muss unvollkommen bleiben

Mit welchen Einschränkungen habe ich auf dem Versöhnungsweg zu rechnen?

- meine Angst
- meine Ungeduld
- das geringe Wachstumstempo
- meine Gleichgültigkeit (Trägheit des Herzens)

Was erscheint Ihnen am zutreffendsten? Beobachten Sie, inwieweit Sie das akzeptieren können.

So gehört die Geduld zu den wichtigsten Geschenken Gottes. Das Gebet »Herr, schenke mir Geduld, und zwar sofort« parodiert das Dumme daran: Wir lernen das nicht im Crash-Kurs. Es ist die Zwickmühle, dass wir Geduld nur mit Geduld lernen können. Doch zum Glück zwingen uns bestimmte Erfahrungen zur Geduld.

40. Versöhnungsschritt: 40

Friedfertig auf das Bisherige schauen

Versuchen Sie einmal, sich in die Vorstellung hineinzudenken, dass Sie im Laufe der nächsten Tage sterben müssten. Welche Gedanken und Gefühle kommen Ihnen? Manches wäre zu betrauern, dass es nicht mehr gelebt werden kann, sondern unvollständig bleibt. Aber das bleibt es ja auch noch nach 100 Jahren. Die spannende Frage ist, ob Sie sich zu dem Gedanken

durchringen könnten, dass es so reichen darf und genügt.
Können Sie folgende Sätze bejahen?

- Wenn morgen mein Leben zu Ende sein sollte, ist genug, was ich erreicht habe.
- Es hat jede Altersphase ihre guten Seiten, und alles im Leben seine Zeit.
- Manches von meiner inneren Schwere werde ich nicht so schnell überwinden.
- Ich werde niemals ganz mit mir im Reinen sein.

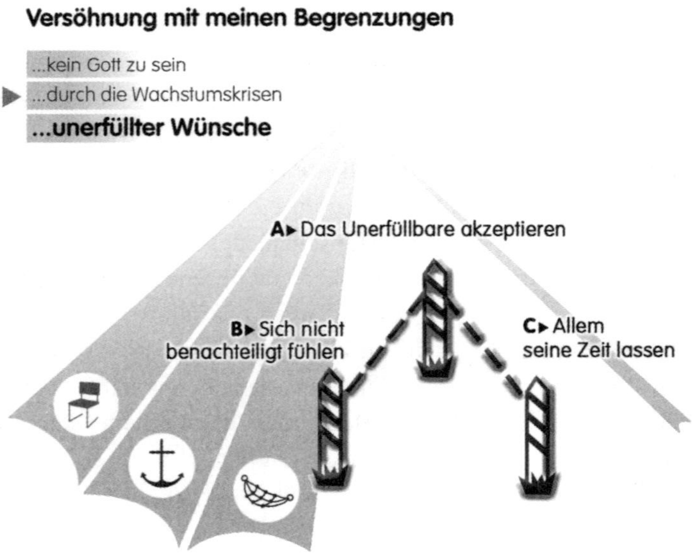

Ausblick

Blicken wir nochmals das Leben des Mose zurück: 40 Jahre im Palast mit dem sicheren Gefühl, dass trotz bevorzugter Behandlung irgendetwas Wesentliches nicht stimmt. Dann 40 Jahre in der Steppe geparkt mit Schafgeblöke als Hintergrundmusik. Und dann als Pensionär sich mit einem Volk herumärgern, das zwar nicht weiß, was es will, sich gegenüber dem Plan Gottes aber meist dikkköpfig verhält. Hört sich nicht sehr verlockend an. Aber für Mose war zum Schluss nichts mehr verkehrt oder vergeblich. Nicht einmal in einem flüchtigen Quergedanken wird es Mose als Verzicht erschienen sein, die Herrlichkeiten des Königshauses hinter sich gelassen zu haben. Das sichere Gefühl, am richtigen Platz zu sein, war ihm viel wertvoller als die Schätze Ägyptens (vgl. Hebräer 11,26).

Mose hat es in der Meisterschaft der Versöhnung weit gebracht. Als Gott ihn auf die Nagelprobe stellte, wollte er lieber selbst auf das Wertvollste – sein eigenes ewiges Leben – verzichten, damit Gott das Bündnis mit seinem Volk weiterführt. Nichts wollte Mose mehr für sich und am allerwenigsten einen Vorsprung gegenüber irgendjemandem. Für einen Menschen, der sich so aufgehoben weiß, bleiben zum Schluss doch keine Wünsche mehr offen, weil das Herz den gesetzten Grenzen ganz zustimmt. Dann wird es möglich, wahrhaft zur Ruhe zu kommen. Jeder Schuldzuweisung ist der Boden entzogen. Unzulänglichkeiten an mir selbst oder dem anderen sind nicht mehr von Bedeutung. Es ist auch nicht mehr wichtig, ob etwas sofort oder später möglich wird – hier und heute oder später im Reich Gottes.

Solch eine vollendete Versöhnung sollten wir nicht einfordern. Wenn wir beginnen, uns mit Mose zu vergleichen, gibt es entlastende Umstände: Die Zeitspanne, die wir uns zugestehen würden, ist nicht so lang und das Trainingsprogramm Gottes auch meist nicht so hart, um so wie Mose daran wachsen zu können.

Immerhin ist das verheißene Land solch einer ganz umfassenden Versöhnung in Sicht. Ob wir es auf dieser Erde jemals betreten werden? Vielleicht zu guter Letzt. Vielleicht in bestimmten Lebenszusammenhängen. Unterwegs dürfen wir wissen: Wir müssen es nicht zur Vollendung bringen. Unser Schritt wird schon fester, wann immer wir uns das Ziel vor Augen stellen. Zwei sehr unterschiedliche Beispiele sollen umreißen, welche besonderen Aufgaben unser Äußerstes herausfordern können.

* König David wollte Gott einen Tempel bauen. Und obwohl an diesem Herzenswunsch nichts auszusetzen war, verwehrte Gott es ihm und kündigte an, dass sein Sohn Salomo diesen Tempel bauen würde. David hatte einige Reifungsschritte hinter sich gebracht. So kam er schnell aus seiner Schmollecke heraus und konnte deshalb anpacken, was ihm zu tun möglich war. Sogar die Steine wurden schon behauen und der Chor für die Einweihungsfeier auf die Beine gestellt. Als er nichts mehr vorbereiten konnte, ging er einen weiteren Schritt in die richtige Richtung: Er trat zurück und überließ Salomo den Thron. Der Tempel ging als Salomos Werk in die Geschichte ein. Aber möglich wurde dieser Bau im Grunde durch seinen Vater David, dessen größte Tat genau genommen darin bestand, von sich selbst wegsehen zu können. Und genau das ist zum Schluss von Bedeutung.

* Der amerikanische Hirnforscher Paul Broks begegnete schon als Praktikant einem 17-Jährigen, dessen Schädel durch einen schweren Unfall einem Ei glich, das man mit einem Löffel aufgeschlagen hatte. Was von ihm übrig war, saß nun verrenkt in einem Rollstuhl, knurrte und grunzte, brüllte Obszönitäten, während sein Gesicht von Wut und Angst verzerrt wurde. Broks fragte sich, ob die flackernde Leinwand seines Gesichtes das Abbild einer gequälten Seele sei oder nur eine Täuschung, ein unter chaotischen Nervenimpulsen zuckendes Stück Fleisch. Eines Tages kam die Mutter des Jungen in die Klinik, die dessen kaputten Kopf in die Arme nahm. Dabei legte sich der Amoklauf seiner Mimik.

Das ist unsere tiefste Sehnsucht: in den Arm zu nehmen oder genommen zu werden. Wenn wir nicht mehr dagegen protestieren, dass der Bausatz unseres Lebens scheinbar unzureichend ist, können wir uns mit dem Unabänderlichen versöhnen, um das Veränderbare zu gestalten.

Es reicht, wenn wir uns immer wieder auf den Weg machen. Das Volk Israel wohnte in Zelten und hatte eins in seiner Mitte, das für die Versöhnung stand. Für das zukünftige Reich Gottes wird uns gesagt, dass Gott bei den Menschen zeltet (Offenbarung 21,3)[15]. Vielleicht ist das auch ein Bild dafür, dass wir selbst in der Ewigkeit weiter unterwegs sein werden, um den Gott, der Versöhnung stiftet, immer mehr zu entdecken.

Wo immer wir etwas vom Zelt der Versöhnung in unserem Leben aufrichten, sind wir ein Stück mehr freigesetzt, zu lieben – Gott, den Nächsten und uns selbst. Niemals wollten wir wirklich mehr.

Anmerkungen

1 Heather Whitestone, Ich höre mit dem Herzen. Eine gehörlose junge Frau wird Miss America. Asslar 1998, S. 145

2 Einem E-Mail-Rundbrief des »Christustreff intern« von Roland Werner entnommen, Marburg 2004

3 Vgl. Gordon Smith in: John Ortberg, Abenteuer Alltag. Ein ganz normaler Tag mit Jesus. Asslar 2003, S. 117

4 Mit »nobody« (also ein »Niemand«) bezeichnet Mose sich in 2. Mose 3,11 nach der englischen Bibelübertragung »Good News«

5 Vgl. Werner Küstenmacher/Lothar J. Seiwert, Simplify your life. Einfacher und glücklicher leben. Frankfurt 2001, S. 17

6 Helmut Gollwitzer, Du hast mich heimgesucht bei Nacht. München 1954, S. 223

7 Paul Tournier, Im Angesicht des Leidens. Sinnerfahrung in dunkler Stunde. Freiburg i. B. 1983, S. 85

8 Dietrich Bonhoeffer, Gemeinsames Leben. München 1939, S. 19

9 Vgl. Kurt Tucholskys Gedicht »Danach«: »Es wird nach einem happy end/im Film jewöhnlich abjeblendt«

10 A. M. Rihbany in: Martin Luther King, Kraft zum Lieben. Konstanz 1964, S. 96

11 Vgl. Anne Morrow Lindbergh, Die Gefährtin. Ein Erlebnis. Tübingen 1944, S. 28

12 Vgl. Dirk Lülling, Rundbrief von Team F., Lüdenscheid 2004

13 Vgl. Wolfgang Plakos, Das Geheimnis des Flow. Das Glück des Augenblicks erleben. Landsberg am Lech 2001, S. 33

14 Vgl. Bo Giertz, Und etliches fiel auf den Fels. Berlin 1955, S. 217f.

15 Vgl. Konkordantes Neues Testament

Initiative »Brennen ohne auszubrennen«

Durch einen E-Mail-Rundbrief können Sie, regelmäßig und kostenfrei, veröffentlichte und unveröffentlichte Anregungen rund um ein entspanntes und versöhntes Leben erhalten.
Bestellung über die Homepage www.iboa.de

Um die Schwerpunkte dieses Buches noch leichter umsetzen zu können, hat Dr. Dietmar Pfennighaus aus verschiedenen seelsorgerlichen und therapeutischen Ansätzen ein Verfahren entwickelt, das in Seminaren Lösungsschritte ermöglicht.

Informationen können Sie anfordern bei:

Initiative »Brennen ohne auszubrennen« (IBOA)
Cyriaxstraße 16
D-35043 Marburg
Telefon 06421/3400691
Fax 06421/3400693
E-mail info@iboa.de
Internet www.iboa.de

Vom selben Autor bereits erschienen:

Schick den Stress in die Wüste!

Ein biblisches Entspannungsprogramm

Paperback, 128 Seiten
Bestell-Nr.: 224 810

Elia ist wohl das bekannteste biblische Beispiel eines ausgebrannten Menschen. Als er nur noch auf dem Zahnfleisch kriecht, greift Gott persönlich ein, um ihn behutsam wieder aus seinem tiefen Loch herauszuholen. Er verordnet Elia ein Entspannungs- und Aufbauprogramm, das den erschöpften Gottesmann wieder auf die Beine bringt und ihm die Lebensfreude zurückgibt.

Dietmar Pfennighaus zeigt an der Geschichte des Elia auf, in welche Stressfallen wir nur allzu schnell tappen – im Beruf, in der Familie und in der Gemeinde. Seine sechs »Entlastungsschritte« helfen, unnötigen Ballast abzuwerfen und so das Leben wieder mit größerer Leichtigkeit angehen und genießen zu können.
Das Buch ist eine Schatztruhe voller Aha-Erkenntnisse und leicht umsetzbarer Entspannungstipps – damit das Feuer Gottes in uns weiter lodert.

Dr. Dietmar Pfennighaus, Jahrgang 1958, lebt mit seiner Familie in Marburg. Nach 13 Jahren Pastorentätigkeit hat er Pädagogik und Supervision studiert sowie therapeutische Zusatzausbildungen absolviert. Als Seminarleiter hat er sich auf den Themenkreis der Stressbewältigung und innere Heilung spezialisiert.

scm R.Brockhaus